はしがき

　平成29年3月に告示された小学校学習指導要領が，令和2年度から全面実施されます。

　今回の学習指導要領では，各教科等の目標及び内容が，育成を目指す資質・能力の三つの柱（「知識及び技能」，「思考力，判断力，表現力等」，「学びに向かう力，人間性等」）に沿って再整理され，各教科等でどのような資質・能力の育成を目指すのかが明確化されました。これにより，教師が「子供たちにどのような力が身に付いたか」という学習の成果を的確に捉え，主体的・対話的で深い学びの視点からの授業改善を図る，いわゆる「指導と評価の一体化」が実現されやすくなることが期待されます。

　また，子供たちや学校，地域の実態を適切に把握した上で教育課程を編成し，学校全体で教育活動の質の向上を図る「カリキュラム・マネジメント」についても明文化されました。カリキュラム・マネジメントの一側面として，「教育課程の実施状況を評価してその改善を図っていくこと」がありますが，このためには，教育課程を編成・実施し，学習評価を行い，学習評価を基に教育課程の改善・充実を図るというPDCAサイクルを確立することが重要です。このことも，まさに「指導と評価の一体化」のための取組と言えます。

　このように，「指導と評価の一体化」の必要性は，今回の学習指導要領において，より一層明確なものとなりました。そこで，国立教育政策研究所教育課程研究センターでは，「幼稚園，小学校，中学校，高等学校及び特別支援学校の学習指導要領等の改善及び必要な方策等について（答申）」（平成28年12月21日中央教育審議会）をはじめ，「児童生徒の学習評価の在り方について（報告）」（平成31年1月21日中央教育審議会初等中等教育分科会教育課程部会）や「小学校，中学校，高等学校及び特別支援学校等における児童生徒の学習評価及び指導要録の改善等について」（平成31年3月29日付初等中等教育局長通知）を踏まえ，このたび「『指導と評価の一体化』のための学習評価に関する参考資料」を作成しました。

　本資料では，学習評価の基本的な考え方や，各教科等における評価規準の作成及び評価の実施等について解説しているほか，各教科等別に単元や題材に基づく学習評価について事例を紹介しています。各学校においては，本資料や各教育委員会等が示す学習評価に関する資料などを参考としながら，学習評価を含むカリキュラム・マネジメントを円滑に進めていただくことで，「指導と評価の一体化」を実現し，子供たちに未来の創り手となるために必要な資質・能力が育まれることを期待します。

　最後に，本資料の作成に御協力くださった方々に心から感謝の意を表します。

　令和2年3月

国立教育政策研究所
教育課程研究センター長
笹　井　弘　之

JN055236

目次

※本冊子については，改訂後の常用漢字表（平成 22 年 11 月 30 日内閣告示）に基づいて表記してい
　ます。（学習指導要領及び初等中等教育局長通知等の引用部分を除く）

第1編

総説

第1編　総説

本編においては，以下の資料について，それぞれ略称を用いることとする。

> 答申：「幼稚園，小学校，中学校，高等学校及び特別支援学校の学習指導要領等の改善
> 　　　及び必要な方策等について（答申）」　平成 28 年 12 月 21 日　中央教育審議会
> 報告：「児童生徒の学習評価の在り方について（報告）」　平成 31 年 1 月 21 日　中央教
> 　　　育審議会　初等中等教育分科会　教育課程部会
> 改善等通知：「小学校，中学校，高等学校及び特別支援学校等における児童生徒の学習
> 　　　評価及び指導要録の改善等について（通知）」　平成 31 年 3 月 29 日　初等中等
> 　　　教育局長通知

第1章　平成 29 年改訂を踏まえた学習評価の改善

1　はじめに

　　学習評価は，学校における教育活動に関し，児童生徒の学習状況を評価するものである。答申にもあるとおり，児童生徒の学習状況を的確に捉え，教師が指導の改善を図るとともに，児童生徒が自らの学びを振り返って次の学びに向かうことができるようにするためには，学習評価の在り方が極めて重要である。

　　各教科等の評価については，学習状況を分析的に捉える「観点別学習状況の評価」と「評定」が学習指導要領に定める目標に準拠した評価として実施するものとされている[1]。観点別学習状況の評価とは，学校における児童生徒の学習状況を，複数の観点から，それぞれの観点ごとに分析する評価のことである。児童生徒が各教科等での学習において，どの観点で望ましい学習状況が認められ，どの観点に課題が認められるかを明らかにすることにより，具体的な学習や指導の改善に生かすことを可能とするものである。各学校において目標に準拠した観点別学習状況の評価を行うに当たっては，観点ごとに評価規準を定める必要がある。評価規準とは，観点別学習状況の評価を的確に行うため，学習指導要領に示す目標の実現の状況を判断するよりどころを表現したものである。本参考資料は，観点別学習状況の評価を実施する際に必要となる評価規準等，学習評価を行うに当たって参考となる情報をまとめたものである。

　　以下，文部省指導資料から，評価規準について解説した部分を参考として引用する。

---

[1] 各教科の評価については，観点別学習状況の評価と，これらを総括的に捉える「評定」の両方について実施するものとされており，観点別学習状況の評価や評定には示しきれない児童生徒の一人一人のよい点や可能性，進歩の状況については，「個人内評価」として実施するものとされている。（P.6〜11 に後述）

（参考）評価規準の設定（抄）

（文部省「小学校教育課程一般指導資料」（平成5年9月）より）

　　新しい指導要録（平成3年改訂）では，観点別学習状況の評価が効果的に行われるようにするために，「各観点ごとに学年ごとの評価規準を設定するなどの工夫を行うこと」と示されています。

　　これまでの指導要録においても，観点別学習状況の評価を適切に行うため，「観点の趣旨を学年別に具体化することなどについて工夫を加えることが望ましいこと」とされており，教育委員会や学校では目標の達成の度合いを判断するための基準や尺度などの設定について研究が行われてきました。

　　しかし，それらは，ともすれば知識・理解の評価が中心になりがちであり，また「目標を十分達成（＋）」，「目標をおおむね達成（空欄)」及び「達成が不十分（−）」ごとに詳細にわたって設定され，結果としてそれを単に数量的に処理することに陥りがちであったとの指摘がありました。

　　今回の改訂においては，学習指導要領が目指す学力観に立った教育の実践に役立つようにすることを改訂方針の一つとして掲げ，各教科の目標に照らしてその実現の状況を評価する観点別学習状況を各教科の学習の評価の基本に据えることとしました。したがって，評価の観点についても，学習指導要領に示す目標との関連を密にして設けられています。

　　このように，学習指導要領が目指す学力観に立つ教育と指導要録における評価とは一体のものであるとの考え方に立って，各教科の目標の実現の状況を「関心・意欲・態度」，「思考・判断・表現」，「技能・表現（または技能)」及び「知識・理解」の観点ごとに適切に評価するため，「評価規準を設定する」ことを明確に示しているものです。

　　「評価規準」という用語については，先に述べたように，新しい学力観に立って子供たちが自ら獲得し身に付けた資質や能力の質的な面，すなわち，学習指導要領の目標に基づく幅のある資質や能力の育成の実現状況の評価を目指すという意味から用いたものです。

2　平成29年改訂を踏まえた学習評価の意義
（1）学習評価の充実

　　平成29年改訂小・中学校学習指導要領総則においては，学習評価の充実について新たに項目が置かれた。具体的には，学習評価の目的等について以下のように示し，単元や題材など内容や時間のまとまりを見通しながら，児童生徒の主体的・対話的で深い学びの実現に向けた授業改善を行うと同時に，評価の場面や方法を工夫して，学習の過程や成果を評価することを示し，授業の改善と評価の改善を両輪として行っていくことの必要性を明示した。

> ・児童のよい点や進歩の状況などを積極的に評価し，学習したことの意義や価値を実感できるようにすること。また，各教科等の目標の実現に向けた学習状況を把握する観点から，単元や題材など内容や時間のまとまりを見通しながら評価の場面や方法を工夫して，学習の過程や成果を評価し，指導の改善や学習意欲の向上を図り，資質・能力の育成に生かすようにすること。
> ・創意工夫の中で学習評価の妥当性や信頼性が高められるよう，組織的かつ計画的な取組を推進するとともに，学年や学校段階を越えて児童の学習の成果が円滑に接続されるように工夫すること。

（小学校学習指導要領第1章総則　第3教育課程の実施と学習評価　2学習評価の充実）
（中学校学習指導要領にも同旨）

（2）カリキュラム・マネジメントの一環としての指導と評価

　　各学校における教育活動の多くは，学習指導要領等に従い児童生徒や地域の実態を踏まえて編成された教育課程の下，指導計画に基づく授業（学習指導）として展開される。各学校では，児童生徒の学習状況を評価し，その結果を児童生徒の学習や教師による指導の改善や学校全体としての教育課程の改善等に生かしており，学校全体として組織的かつ計画的に教育活動の質の向上を図っている。このように，「学習指導」と「学習評価」は学校の教育活動の根幹に当たり，教育課程に基づいて組織的かつ計画的に教育活動の質の向上を図る「カリキュラム・マネジメント」の中核的な役割を担っている。

（3）主体的・対話的で深い学びの視点からの授業改善と評価

　　指導と評価の一体化を図るためには，児童生徒一人一人の学習の成立を促すための評価という視点を一層重視し，教師が自らの指導のねらいに応じて授業での児童生徒の学びを振り返り，学習や指導の改善に生かしていくことが大切である。すなわち，平成29年改訂学習指導要領で重視している「主体的・対話的で深い学び」の視点からの授業改善を通して各教科等における資質・能力を確実に育成する上で，学習評価は重要な役割を担っている。

（4）学習評価の改善の基本的な方向性

　　（1）～（3）で述べたとおり，学習指導要領改訂の趣旨を実現するためには，学習評価の在り方が極めて重要であり，すなわち，学習評価を真に意味のあるものとし，指導と評価の一体化を実現することがますます求められている。
　　このため，報告では，以下のように学習評価の改善の基本的な方向性が示された。
　　① 児童生徒の学習改善につながるものにしていくこと
　　② 教師の指導改善につながるものにしていくこと
　　③ これまで慣行として行われてきたことでも，必要性・妥当性が認められないものは見直していくこと

3 平成29年改訂を受けた評価の観点の整理

　平成29年改訂学習指導要領においては，知・徳・体にわたる「生きる力」を児童生徒に育むために「何のために学ぶのか」という各教科等を学ぶ意義を共有しながら，授業の創意工夫や教科書等の教材の改善を引き出していくことができるようにするため，全ての教科等の目標及び内容を「知識及び技能」，「思考力，判断力，表現力等」，「学びに向かう力，人間性等」の育成を目指す資質・能力の三つの柱で再整理した（図1参照）。知・徳・体のバランスのとれた「生きる力」を育むことを目指すに当たっては，各教科等の指導を通してどのような資質・能力の育成を目指すのかを明確にしながら教育活動の充実を図ること，その際には，児童生徒の発達の段階や特性を踏まえ，資質・能力の三つの柱の育成がバランスよく実現できるよう留意する必要がある。

図1

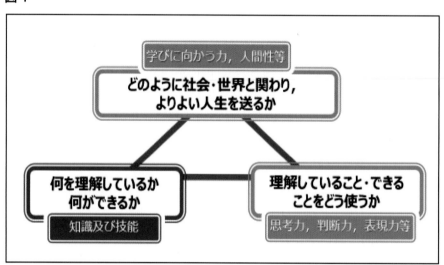

　観点別学習状況の評価については，こうした教育目標や内容の再整理を踏まえて，小・中・高等学校の各教科を通じて，4観点から3観点に整理された。（図2参照）

図2

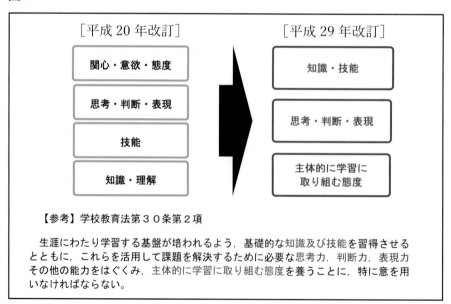

4 平成29年改訂学習指導要領における各教科の学習評価

　各教科の学習評価においては，平成29年改訂においても，学習状況を分析的に捉える「観点別学習状況の評価」と，これらを総括的に捉える「評定」の両方について，学習指導要領に定める目標に準拠した評価として実施するものとされた。改善等通知では，以下のように示されている。

【小学校児童指導要録】

［各教科の学習の記録］

Ⅰ　観点別学習状況

　学習指導要領に示す各教科の目標に照らして，その実現状況を観点ごとに評価し記入する。その際，

　　「十分満足できる」状況と判断されるもの：A

　　「おおむね満足できる」状況と判断されるもの：B

　　「努力を要する」状況と判断されるもの：C

のように区別して評価を記入する。

Ⅱ　評定（第3学年以上）

　各教科の評定は，学習指導要領に示す各教科の目標に照らして，その実現状況を，

　　「十分満足できる」状況と判断されるもの：3

　　「おおむね満足できる」状況と判断されるもの：2

　　「努力を要する」状況と判断されるもの：1

のように区別して評価を記入する。

　評定は各教科の学習の状況を総括的に評価するものであり，「観点別学習状況」において掲げられた観点は，分析的な評価を行うものとして，各教科の評定を行う場合において基本的な要素となるものであることに十分留意する。その際，評定の適切な決定方法等については，各学校において定める。

【中学校生徒指導要録】

（学習指導要領に示す必修教科の取扱いは次のとおり）

［各教科の学習の記録］

Ⅰ　観点別学習状況（小学校児童指導要録と同じ）

　学習指導要領に示す各教科の目標に照らして，その実現状況を観点ごとに評価し記入する。その際，

　　「十分満足できる」状況と判断されるもの：A

　　「おおむね満足できる」状況と判断されるもの：B

　　「努力を要する」状況と判断されるもの：C

のように区別して評価を記入する。

Ⅱ　評定

　各教科の評定は，学習指導要領に示す各教科の目標に照らして，その実現状況を，

> 「十分満足できるもののうち，特に程度が高い」状況と判断されるもの：5
>
> 「十分満足できる」状況と判断されるもの：4
>
> 「おおむね満足できる」状況と判断されるもの：3
>
> 「努力を要する」状況と判断されるもの：2
>
> 「一層努力を要する」状況と判断されるもの：1
>
> のように区別して評価を記入する。
>
> 　評定は各教科の学習の状況を総括的に評価するものであり，「観点別学習状況」において掲げられた観点は，分析的な評価を行うものとして，各教科の評定を行う場合において基本的な要素となるものであることに十分留意する。その際，評定の適切な決定方法等については，各学校において定める。

　また，観点別学習状況の評価や評定には示しきれない児童生徒一人一人のよい点や可能性，進歩の状況については，「個人内評価」として実施するものとされている。改善等通知においては，「観点別学習状況の評価になじまず個人内評価の対象となるものについては，児童生徒が学習したことの意義や価値を実感できるよう，日々の教育活動等の中で児童生徒に伝えることが重要であること。特に『学びに向かう力，人間性等』のうち『感性や思いやり』など児童生徒一人一人のよい点や可能性，進歩の状況などを積極的に評価し児童生徒に伝えることが重要であること。」と示されている。

　「3　平成29年改訂を受けた評価の観点の整理」も踏まえて各教科における評価の基本構造を図示化すると，以下のようになる。（図3参照）

図3

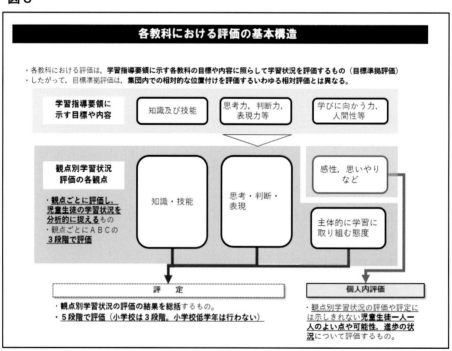

上記の，「各教科における評価の基本構造」を踏まえた3観点の評価それぞれについて

の考え方は，以下の（１）〜（３）のとおりとなる。なお，この考え方は，外国語活動（小学校），総合的な学習の時間，特別活動においても同様に考えることができる。

（１）「知識・技能」の評価について

　　「知識・技能」の評価は，各教科等における学習の過程を通した知識及び技能の習得状況について評価を行うとともに，それらを既有の知識及び技能と関連付けたり活用したりする中で，他の学習や生活の場面でも活用できる程度に概念等を理解したり，技能を習得したりしているかについても評価するものである。

　　「知識・技能」におけるこのような考え方は，従前の「知識・理解」（各教科等において習得すべき知識や重要な概念等を理解しているかを評価），「技能」（各教科等において習得すべき技能を身に付けているかを評価）においても重視してきたものである。

　　具体的な評価の方法としては，ペーパーテストにおいて，事実的な知識の習得を問う問題と，知識の概念的な理解を問う問題とのバランスに配慮するなどの工夫改善を図るとともに，例えば，児童生徒が文章による説明をしたり，各教科等の内容の特質に応じて，観察・実験したり，式やグラフで表現したりするなど，実際に知識や技能を用いる場面を設けるなど，多様な方法を適切に取り入れていくことが考えられる。

（２）「思考・判断・表現」の評価について

　　「思考・判断・表現」の評価は，各教科等の知識及び技能を活用して課題を解決する等のために必要な思考力，判断力，表現力等を身に付けているかを評価するものである。

　　「思考・判断・表現」におけるこのような考え方は，従前の「思考・判断・表現」の観点においても重視してきたものである。「思考・判断・表現」を評価するためには，教師は「主体的・対話的で深い学び」の視点からの授業改善を通じ，児童生徒が思考・判断・表現する場面を効果的に設計した上で，指導・評価することが求められる。

　　具体的な評価の方法としては，ペーパーテストのみならず，論述やレポートの作成，発表，グループでの話合い，作品の制作や表現等の多様な活動を取り入れたり，それらを集めたポートフォリオを活用したりするなど評価方法を工夫することが考えられる。

（３）「主体的に学習に取り組む態度」の評価について

　　答申において「学びに向かう力，人間性等」には，①「主体的に学習に取り組む態度」として観点別学習状況の評価を通じて見取ることができる部分と，②観点別学習状況の評価や評定にはなじまず，こうした評価では示しきれないことから個人内評価を通じて見取る部分があることに留意する必要があるとされている。すなわち，②については観点別学習状況の評価の対象外とする必要がある。

　　「主体的に学習に取り組む態度」の評価に際しては，単に継続的な行動や積極的な発言を行うなど，性格や行動面の傾向を評価するということではなく，各教科等の「主体的に学習に取り組む態度」に係る観点の趣旨に照らして，知識及び技能を習得したり，

思考力，判断力，表現力等を身に付けたりするために，自らの学習状況を把握し，学習の進め方について試行錯誤するなど自らの学習を調整しながら，学ぼうとしているかどうかという意思的な側面を評価することが重要である。

従前の「関心・意欲・態度」の観点も，各教科等の学習内容に関心をもつことのみならず，よりよく学ぼうとする意欲をもって学習に取り組む態度を評価するという考え方に基づいたものであり，この点を「主体的に学習に取り組む態度」として改めて強調するものである。

本観点に基づく評価は，「主体的に学習に取り組む態度」に係る各教科等の評価の観点の趣旨に照らして，

① 知識及び技能を獲得したり，思考力，判断力，表現力等を身に付けたりすることに向けた粘り強い取組を行おうとしている側面

② ①の粘り強い取組を行う中で，自らの学習を調整しようとする側面

という二つの側面を評価することが求められる[2]。（図4参照）

ここでの評価は，児童生徒の学習の調整が「適切に行われているか」を必ずしも判断するものではなく，学習の調整が知識及び技能の習得などに結び付いていない場合には，教師が学習の進め方を適切に指導することが求められる。

具体的な評価の方法としては，ノートやレポート等における記述，授業中の発言，教師による行動観察や児童生徒による自己評価や相互評価等の状況を，教師が評価を行う際に考慮する材料の一つとして用いることなどが考えられる。

図4

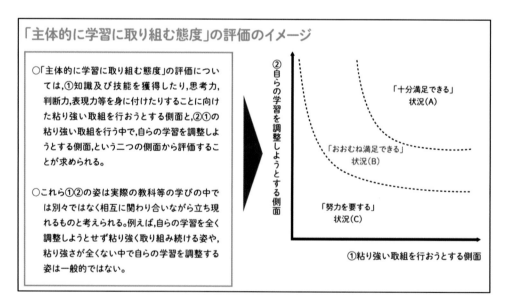

---

[2] これら①②の姿は実際の教科等の学びの中では別々ではなく相互に関わり合いながら立ち現れるものと考えられることから，実際の評価の場面においては，双方の側面を一体的に見取ることも想定される。例えば，自らの学習を全く調整しようとせず粘り強く取り組み続ける姿や，粘り強さが全くない中で自らの学習を調整する姿は一般的ではない。

なお，学習指導要領の「2　内容」に記載のない「主体的に学習に取り組む態度」の評価については，後述する第2章1（2）を参照のこと[3]。

5　改善等通知における特別の教科　道徳，外国語活動（小学校），総合的な学習の時間，特別活動の指導要録の記録

改善等通知においては，各教科の学習の記録とともに，以下の（1）～（4）の各教科等の指導要録における学習の記録について以下のように示されている。

（1）特別の教科　道徳について

小学校等については，改善等通知別紙1に，「道徳の評価については，28文科初第604号「学習指導要領の一部改正に伴う小学校，中学校及び特別支援学校小学部・中学部における児童生徒の学習評価及び指導要録の改善等について（通知）」に基づき，学習活動における児童の学習状況や道徳性に係る成長の様子を個人内評価として文章で端的に記述する」こととされている（中学校等についても別紙2に同旨）。

（2）外国語活動について（小学校）

改善等通知には，「外国語活動の記録については，評価の観点を記入した上で，それらの観点に照らして，児童の学習状況に顕著な事項がある場合にその特徴を記入する等，児童にどのような力が身に付いたかを文章で端的に記述すること」とされている。また，「評価の観点については，設置者は，小学校学習指導要領等に示す外国語活動の目標を踏まえ，改善等通知別紙4を参考に設定する」こととされている。

（3）総合的な学習の時間について

小学校等については，改善等通知別紙1に，「総合的な学習の時間の記録については，この時間に行った学習活動及び各学校が自ら定めた評価の観点を記入した上で，それらの観点のうち，児童の学習状況に顕著な事項がある場合などにその特徴を記入する等，児童にどのような力が身に付いたかを文章で端的に記述すること」とされている。また，「評価の観点については，各学校において具体的に定めた目標，内容に基づいて別紙4を参考に定めること」とされている（中学校等についても別紙2に同旨）。

---

[3] 各教科等によって，評価の対象に特性があることに留意する必要がある。例えば，体育・保健体育科の運動に関する領域においては，公正や協力などを，育成する「態度」として学習指導要領に位置付けており，各教科等の目標や内容に対応した学習評価が行われることとされている。

（4）特別活動について

　小学校等については，改善等通知別紙1に，「特別活動の記録については，各学校が自ら定めた特別活動全体に係る評価の観点を記入した上で，各活動・学校行事ごとに，評価の観点に照らして十分満足できる活動の状況にあると判断される場合に，〇印を記入する」とされている。また，「評価の観点については，学習指導要領等に示す特別活動の目標を踏まえ，各学校において改善等通知別紙4を参考に定める。その際，特別活動の特質や学校として重点化した内容を踏まえ，例えば『主体的に生活や人間関係をよりよくしようとする態度』などのように，より具体的に定めることも考えられる。記入に当たっては，特別活動の学習が学校や学級における集団活動や生活を対象に行われるという特質に留意する」とされている（中学校等についても別紙2に同旨）。

　なお，特別活動は学級担任以外の教師が指導する活動が多いことから，評価体制を確立し，共通理解を図って，児童生徒のよさや可能性を多面的・総合的に評価するとともに，確実に資質・能力が育成されるよう指導の改善に生かすことが求められる。

6　障害のある児童生徒の学習評価について

　学習評価に関する基本的な考え方は，障害のある児童生徒の学習評価についても変わるものではない。

　障害のある児童生徒については，特別支援学校等の助言又は援助を活用しつつ，個々の児童生徒の障害の状態や特性及び心身の発達の段階に応じた指導内容や指導方法の工夫を行い，その評価を適切に行うことが必要である。また，指導内容や指導方法の工夫については，学習指導要領の各教科の「指導計画の作成と内容の取扱い」の「指導計画作成上の配慮事項」の「障害のある児童生徒への配慮についての事項」についての学習指導要領解説も参考となる。

7　評価の方針等の児童生徒や保護者への共有について

　学習評価の妥当性や信頼性を高めるとともに，児童生徒自身に学習の見通しをもたせるために，学習評価の方針を事前に児童生徒と共有する場面を必要に応じて設けることが求められており，児童生徒に評価の結果をフィードバックする際にも，どのような方針によって評価したのかを改めて児童生徒に共有することも重要である。

　また，新学習指導要領下での学習評価の在り方や基本方針等について，様々な機会を捉えて保護者と共通理解を図ることが非常に重要である。

第2章　学習評価の基本的な流れ

1　各教科における評価規準の作成及び評価の実施等について

（1）目標と観点の趣旨との対応関係について

　　評価規準の作成に当たっては，各学校の実態に応じて目標に準拠した評価を行うために，「評価の観点及びその趣旨[4]」が各教科等の目標を踏まえて作成されていること，また同様に，「学年別（又は分野別）の評価の観点の趣旨[5]」が学年（又は分野）の目標を踏まえて作成されていることを確認することが必要である。

　　なお，「主体的に学習に取り組む態度」の観点は，教科等及び学年（又は分野）の目標の（3）に対応するものであるが，観点別学習状況の評価を通じて見取ることができる部分をその内容として整理し，示していることを確認することが必要である。（図5，6参照）

図5

【学習指導要領「教科の目標」】

学習指導要領　各教科等の「第1　目標」

(1)	(2)	(3)
（知識及び技能に関する目標）	（思考力，判断力，表現力等に関する目標）	（学びに向かう力，人間性等に関する目標）[6]

【改善等通知「評価の観点及びその趣旨」】

改善等通知　別紙4　評価の観点及びその趣旨

観点	知識・技能	思考・判断・表現	主体的に学習に取り組む態度
趣旨	（知識・技能の観点の趣旨）	（思考・判断・表現の観点の趣旨）	（主体的に学習に取り組む態度の観点の趣旨）

---

[4] 各教科等の学習指導要領の目標の規定を踏まえ，観点別学習状況の評価の対象とするものについて整理したものが教科等の観点の趣旨である。

[5] 各学年（又は分野）の学習指導要領の目標を踏まえ，観点別学習状況の評価の対象とするものについて整理したものが学年別（又は分野別）の観点の趣旨である。

[6] 学びに向かう力，人間性等に関する目標には，個人内評価として実施するものも含まれている。（P.8 図3参照）※学年（又は分野）の目標についても同様である。

図6

【学習指導要領「学年（又は分野）の目標」】

学習指導要領　各教科等の「第2　各学年の目標及び内容」の学年ごとの「1　目標」

(1)	(2)	(3)
（知識及び技能に関する目標）	（思考力，判断力，表現力等に関する目標）	（学びに向かう力，人間性等に関する目標）

【改善等通知　別紙4「学年別（又は分野別）の評価の観点の趣旨」】

観点	知識・技能	思考・判断・表現	主体的に学習に取り組む態度
趣旨	（知識・技能の観点の趣旨）	（思考・判断・表現の観点の趣旨）	（主体的に学習に取り組む態度の観点の趣旨）

（2）「内容のまとまりごとの評価規準」とは

　　本参考資料では，評価規準の作成等について示す。具体的には，学習指導要領の規定から「内容のまとまりごとの評価規準」を作成する際の手順を示している。ここでの「内容のまとまり」とは，学習指導要領に示す各教科等の「第2　各学年の目標及び内容　2　内容」の項目等をそのまとまりごとに細分化したり整理したりしたものである[7]。平成29年改訂学習指導要領においては資質・能力の三つの柱に基づく構造化が行われたところであり，基本的には，学習指導要領に示す各教科等の「第2　各学年（分野）の目標及び内容」の「2　内容」において[8]，「内容のまとまり」ごとに育成を目指す資質・

---

[7] 各教科等の学習指導要領の「第3　指導計画の作成と内容の取扱い」1(1)に「単元（題材）などの内容や時間のまとまり」という記載があるが，この「内容や時間のまとまり」と，本参考資料における「内容のまとまり」は同義ではないことに注意が必要である。前者は，主体的・対話的で深い学びを実現するため，主体的に学習に取り組めるよう学習の見通しを立てたり学習したことを振り返ったりして自身の学びや変容を自覚できる場面をどこに設定するか，対話によって自分の考えなどを広げたり深めたりする場面をどこに設定するか，学びの深まりをつくりだすために，児童生徒が考える場面と教師が教える場面をどのように組み立てるか，といった視点による授業改善は，1単位時間の授業ごとに考えるのではなく，単元や題材などの一定程度のまとまりごとに検討されるべきであることが示されたものである。後者（本参考資料における「内容のまとまり」）については，本文に述べるとおりである。

[8] 小学校家庭においては，「第2　各学年の内容」，「1　内容」，小学校外国語・外国語活動，中学校外国語においては，「第2　各言語の目標及び内容等」，「1　目標」である。

能力が示されている。このため,「2 内容」の記載はそのまま学習指導の目標となりうるものである[9]。学習指導要領の目標に照らして観点別学習状況の評価を行うに当たり,児童生徒が資質・能力を身に付けた状況を表すために,「2 内容」の記載事項の文末を「〜すること」から「〜している」と変換したもの等を,本参考資料において「内容のまとまりごとの評価規準」と呼ぶこととする[10]。

ただし,「主体的に学習に取り組む態度」に関しては,特に,児童生徒の学習への継続的な取組を通して現れる性質を有すること等から[11],「2 内容」に記載がない[12]。そのため,各学年(又は分野)の「1 目標」を参考にしつつ,必要に応じて,改善等通知別紙4に示された学年(又は分野)別の評価の観点の趣旨のうち「主体的に学習に取り組む態度」に関わる部分を用いて「内容のまとまりごとの評価規準」を作成する必要がある。

なお,各学校においては,「内容のまとまりごとの評価規準」の考え方を踏まえて,学習評価を行う際の評価規準を作成する。

(3)「内容のまとまりごとの評価規準」を作成する際の基本的な手順

各教科における,「内容のまとまりごとの評価規準」を作成する際の基本的な手順は以下のとおりである。

学習指導要領に示された教科及び学年(又は分野)の目標を踏まえて,「評価の観点及びその趣旨」が作成されていることを理解した上で,

① 各教科における「内容のまとまり」と「評価の観点」との関係を確認する。

② 【観点ごとのポイント】を踏まえ,「内容のまとまりごとの評価規準」を作成する。

---

[9] 「2 内容」において示されている指導事項等を整理することで「内容のまとまり」を構成している教科もある。この場合は,整理した資質・能力をもとに,構成された「内容のまとまり」に基づいて学習指導の目標を設定することとなる。また,目標や評価規準の設定は,教育課程を編成する主体である各学校が,学習指導要領に基づきつつ児童生徒や学校,地域の実情に応じて行うことが必要である。

[10] 小学校家庭,中学校技術・家庭(家庭分野)については,学習指導要領の目標及び分野の目標の(2)に思考力・判断力・表現力等の育成に係る学習過程が記載されているため,これらを踏まえて「内容のまとまりごとの評価規準」を作成する必要がある。

[11] 各教科等の特性によって単元や題材など内容や時間のまとまりはさまざまであることから,評価を行う際は,それぞれの実現状況が把握できる段階について検討が必要である。

[12] 各教科等によって,評価の対象に特性があることに留意する必要がある。例えば,体育・保健体育科の運動に関する領域においては,公正や協力などを,育成する「態度」として学習指導要領に位置付けており,各教科等の目標や内容に対応した学習評価が行われることとされている。

①，②については，第2編において詳述する。同様に，【観点ごとのポイント】についても，第2編に各教科等において示している。

（4）評価の計画を立てることの重要性

学習指導のねらいが児童生徒の学習状況として実現されたかについて，評価規準に照らして観察し，毎時間の授業で適宜指導を行うことは，育成を目指す資質・能力を児童生徒に育むためには不可欠である。その上で，評価規準に照らして，観点別学習状況の評価をするための記録を取ることになる。そのためには，いつ，どのような方法で，児童生徒について観点別学習状況を評価するための記録を取るのかについて，評価の計画を立てることが引き続き大切である。

毎時間児童生徒全員について記録を取り，総括の資料とするために蓄積することは現実的ではないことからも，児童生徒全員の学習状況を記録に残す場面を精選し，かつ適切に評価するための評価の計画が一層重要になる。

（5）観点別学習状況の評価に係る記録の総括

適切な評価の計画の下に得た，児童生徒の観点別学習状況の評価に係る記録の総括の時期としては，単元（題材）末，学期末，学年末等の節目が考えられる。

総括を行う際，観点別学習状況の評価に係る記録が，観点ごとに複数ある場合は，例えば，次のような方法が考えられる。

・ **評価結果のＡ，Ｂ，Ｃの数を基に総括する場合**

何回か行った評価結果のＡ，Ｂ，Ｃの数が多いものが，その観点の学習の実施状況を最もよく表現しているとする考え方に立つ総括の方法である。例えば，3回評価を行った結果が「ＡＢＢ」ならばＢと総括することが考えられる。なお，「ＡＡＢＢ」の総括結果をＡとするかＢとするかなど，同数の場合や三つの記号が混在する場合の総括の仕方をあらかじめ各学校において決めておく必要がある。

・ **評価結果のＡ，Ｂ，Ｃを数値に置き換えて総括する場合**

何回か行った評価結果Ａ，Ｂ，Ｃを，例えばＡ＝3，Ｂ＝2，Ｃ＝1のように数値によって表し，合計したり平均したりする総括の方法である。例えば，総括の結果をＢとする範囲を［2.5≧平均値≧1.5］とすると，「ＡＢＢ」の平均値は，約2.3［（3＋2＋2）÷3］で総括の結果はＢとなる。

なお，評価の各節目のうち特定の時点に重きを置いて評価を行う場合など，この例のような平均値による方法以外についても様々な総括の方法が考えられる。

（6）観点別学習状況の評価の評定への総括

評定は，各教科の観点別学習状況の評価を総括した数値を示すものである。評定は，児童生徒がどの教科の学習に望ましい学習状況が認められ，どの教科の学習に課題が

認められるのかを明らかにすることにより，教育課程全体を見渡した学習状況の把握と指導や学習の改善に生かすことを可能とするものである。

評定への総括は，学期末や学年末などに行われることが多い。学年末に評定へ総括する場合には，学期末に総括した評定の結果を基にする場合と，学年末に観点ごとに総括した結果を基にする場合が考えられる。

観点別学習状況の評価の評定への総括は，各観点の評価結果をＡ，Ｂ，Ｃの組合せ，又は，Ａ，Ｂ，Ｃを数値で表したものに基づいて総括し，その結果を小学校では３段階，中学校では５段階で表す。

Ａ，Ｂ，Ｃの組合せから評定に総括する場合，各観点とも同じ評価がそろう場合は，小学校については，「ＢＢＢ」であれば２を基本としつつ，「ＡＡＡ」であれば３，「ＣＣＣ」であれば１とするのが適当であると考えられる。中学校については，「ＢＢＢ」であれば３を基本としつつ，「ＡＡＡ」であれば５又は４，「ＣＣＣ」であれば２又は１とするのが適当であると考えられる。それ以外の場合は，各観点のＡ，Ｂ，Ｃの数の組合せから適切に評定することができるようあらかじめ各学校において決めておく必要がある。

なお，観点別学習状況の評価結果は，「十分満足できる」状況と判断されるものをＡ，「おおむね満足できる」状況と判断されるものをＢ，「努力を要する」状況と判断されるものをＣのように表されるが，そこで表された学習の実現状況には幅があるため，機械的に評定を算出することは適当ではない場合も予想される。

また，評定は，小学校については，小学校学習指導要領等に示す各教科の目標に照らして，その実現状況を「十分満足できる」状況と判断されるものを３，「おおむね満足できる」状況と判断されるものを２，「努力を要する」状況と判断されるものを１，中学校については，中学校学習指導要領等に示す各教科の目標に照らして，その実現状況を「十分満足できるもののうち，特に程度が高い」状況と判断されるものを５，「十分満足できる」状況と判断されるものを４，「おおむね満足できる」状況と判断されるものを３，「努力を要する」状況と判断されるものを２，「一層努力を要する」状況と判断されるものを１という数値で表される。しかし，この数値を児童生徒の学習状況について三つ（小学校）又は五つ（中学校）に分類したものとして捉えるのではなく，常にこの結果の背景にある児童生徒の具体的な学習の実現状況を思い描き，適切に捉えることが大切である。評定への総括に当たっては，このようなことも十分に検討する必要がある[13]。

なお，各学校では観点別学習状況の評価の観点ごとの総括及び評定への総括の考え

---

[13] 改善等通知では，「評定は各教科の学習の状況を総括的に評価するものであり，『観点別学習状況』において掲げられた観点は，分析的な評価を行うものとして，各教科の評定を行う場合において基本的な要素となるものであることに十分留意する。その際，評定の適切な決定方法等については，各学校において定める。」と示されている。（P.7，8参照）

方や方法について，教師間で共通理解を図り，児童生徒及び保護者に十分説明し理解を得ることが大切である。

2　総合的な学習の時間における評価規準の作成及び評価の実施等について
（1）総合的な学習の時間の「評価の観点」について

　平成29年改訂学習指導要領では，各教科等の目標や内容を「知識及び技能」，「思考力，判断力，表現力等」，「学びに向かう力，人間性等」の資質・能力の三つの柱で再整理しているが，このことは総合的な学習の時間においても同様である。

　総合的な学習の時間においては，学習指導要領が定める目標を踏まえて各学校が目標や内容を設定するという総合的な学習の時間の特質から，各学校が観点を設定するという枠組みが維持されている。一方で，各学校が目標や内容を定める際には，学習指導要領において示された以下について考慮する必要がある。

【各学校において定める目標】
- 　各学校において定める目標については，各学校における教育目標を踏まえ，総合的な学習の時間を通して育成を目指す資質・能力を示すこと。　　　（第2の3(1)）

　総合的な学習の時間を通して育成を目指す資質・能力を示すとは，各学校における教育目標を踏まえて，各学校において定める目標の中に，この時間を通して育成を目指す資質・能力を，三つの柱に即して具体的に示すということである。

【各学校において定める内容】
- 　探究課題の解決を通して育成を目指す具体的な資質・能力については，次の事項に配慮すること。
  - ア　知識及び技能については，他教科等及び総合的な学習の時間で習得する知識及び技能が相互に関連付けられ，社会の中で生きて働くものとして形成されるようにすること。
  - イ　思考力，判断力，表現力等については，課題の設定，情報の収集，整理・分析，まとめ・表現などの探究的な学習の過程において発揮され，未知の状況において活用できるものとして身に付けられるようにすること。
  - ウ　学びに向かう力，人間性等については，自分自身に関すること及び他者や社会との関わりに関することの両方の視点を踏まえること。　　　（第2の3(6)）

　各学校において定める内容について，今回の改訂では新たに，「目標を実現するにふさわしい探究課題」，「探究課題の解決を通して育成を目指す具体的な資質・能力」の二つを定めることが示された。「探究課題の解決を通して育成を目指す具体的な資質・能力」とは，各学校において定める目標に記された資質・能力を，各探究課題に即して具体的に示したものであり，教師の適切な指導の下，児童生徒が各探究課題の解決に取り組む中で，育成することを目指す資質・能力のことである。この具体的な資質・能力も，「知識及び技能」，「思考力，判断力，表現力等」，「学びに向かう力，人間性等」という

資質・能力の三つの柱に即して設定していくことになる。

このように，各学校において定める目標と内容には，三つの柱に沿った資質・能力が明示されることになる。

したがって，資質・能力の三つの柱で再整理した新学習指導要領の下での指導と評価の一体化を推進するためにも，評価の観点についてこれらの資質・能力に関わる「知識・技能」，「思考・判断・表現」，「主体的に学習に取り組む態度」の３観点に整理し示したところである。

（2）総合的な学習の時間の「内容のまとまり」の考え方

学習指導要領の第２の２では，「各学校においては，第１の目標を踏まえ，各学校の総合的な学習の時間の内容を定める。」とされており，各教科のようにどの学年で何を指導するのかという内容を明示していない。これは，各学校が，学習指導要領が定める目標の趣旨を踏まえて，地域や学校，児童生徒の実態に応じて，創意工夫を生かした内容を定めることが期待されているからである。

この内容の設定に際しては，前述したように「目標を実現するにふさわしい探究課題」，「探究課題の解決を通して育成を目指す具体的な資質・能力」の二つを定めることが示され，探究課題としてどのような対象と関わり，その探究課題の解決を通して，どのような資質・能力を育成するのかが内容として記述されることになる。（図７参照）

図７

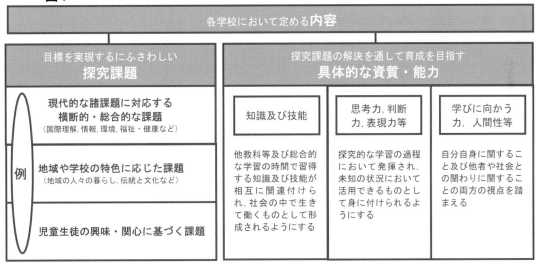

本参考資料第１編第２章の１（2）では，「内容のまとまり」について，「学習指導要領に示す各教科等の『第２　各学年の目標及び内容　２　内容』の項目等をそのまとまりごとに細分化したり整理したりしたもので，『内容のまとまり』ごとに育成を目指す資質・能力が示されている」と説明されている。

したがって，総合的な学習の時間における「内容のまとまり」とは，全体計画に示した「目標を実現するにふさわしい探究課題」のうち，一つ一つの探究課題とその探究課題に応じて定めた具体的な資質・能力と考えることができる。

（3）「内容のまとまりごとの評価規準」を作成する際の基本的な手順

　総合的な学習の時間における，「内容のまとまりごとの評価規準」を作成する際の基本的な手順は以下のとおりである。

---

① 　各学校において定めた目標（第2の1）と「評価の観点及びその趣旨」を確認する。

② 　各学校において定めた内容の記述（「内容のまとまり」として探究課題ごとに作成した「探究課題の解決を通して育成を目指す具体的な資質・能力」）が，観点ごとにどのように整理されているかを確認する。

③【観点ごとのポイント】を踏まえ，「内容のまとまりごとの評価規準」を作成する。

3　特別活動の「評価の観点」とその趣旨，並びに評価規準の作成及び評価の実施等について

（1）特別活動の「評価の観点」とその趣旨について

　特別活動においては，改善等通知において示されたように，特別活動の特質と学校の創意工夫を生かすということから，設置者ではなく，「各学校で評価の観点を定める」ものとしている。本参考資料では「評価の観点」とその趣旨の設定について示している。

（2）特別活動の「内容のまとまり」

　小学校においては，学習指導要領の内容の〔学級活動〕「（1）学級や学校における生活づくりへの参画」，「（2）日常の生活や学習への適応と自己の成長及び健康安全」，「（3）一人一人のキャリア形成と自己実現」，〔児童会活動〕，〔クラブ活動〕，〔学校行事〕（1）儀式的行事，（2）文化的行事，（3）健康安全・体育的行事，（4）遠足・集団宿泊的行事，（5）勤労生産・奉仕的行事を「内容のまとまり」とした。

　中学校においては，学習指導要領の内容の〔学級活動〕「（1）学級や学校における生活づくりへの参画」，「（2）日常の生活や学習への適応と自己の成長及び健康安全」，「（3）一人一人のキャリア形成と自己実現」，〔生徒会活動〕，〔学校行事〕（1）儀式的行事，（2）文化的行事，（3）健康安全・体育的行事，（4）旅行・集団宿泊的行事，（5）勤労生産・奉仕的行事を「内容のまとまり」とした。

（3）特別活動の「評価の観点」とその趣旨，並びに「内容のまとまりごとの評価規準」を作成する際の基本的な手順

　各学校においては，学習指導要領に示された特別活動の目標及び内容を踏まえ，自校の実態に即し，改善等通知の例示を参考に観点を作成する。その際，例えば，特別活動の特質や学校として重点化した内容を踏まえて，具体的な観点を設定することが考えられる。

　また，学習指導要領解説では，各活動・学校行事の内容ごとに育成を目指す資質・能力が例示されている。そこで，学習指導要領で示された「各活動・学校行事の目標」及び学習指導要領解説で例示された「資質・能力」を確認し，各学校の実態に合わせて育成を目指す資質・能力を重点化して設定する。

　次に，各学校で設定した，各活動・学校行事で育成を目指す資質・能力を踏まえて，「内容のまとまりごとの評価規準」を作成する。その際，小学校の学級活動においては，学習指導要領で示した「各学年段階における配慮事項」や，学習指導要領解説に示した「発達の段階に即した指導のめやす」を踏まえて，低・中・高学年ごとに評価規準を作成することが考えられる。基本的な手順は以下のとおりである。

① 学習指導要領の「特別活動の目標」と改善等通知を確認する。
② 学習指導要領の「特別活動の目標」と自校の実態を踏まえ，改善等通知の例示を参考に，特別活動の「評価の観点」とその趣旨を設定する。
③ 学習指導要領の「各活動・学校行事の目標」及び学習指導要領解説特別活動編（平成 29 年 7 月）で例示した「各活動・学校行事における育成を目指す資質・能力」を参考に，各学校において育成を目指す資質・能力を重点化して設定する。
④ 【観点ごとのポイント】を踏まえ，「内容のまとまりごとの評価規準」を作成する。

（参考）平成23年「評価規準の作成，評価方法等の工夫改善のための参考資料」からの変更点について

　今回作成した本参考資料は，平成23年の「評価規準の作成，評価方法等の工夫改善のための参考資料」を踏襲するものであるが，以下のような変更点があることに留意が必要である[14]。

　まず，平成23年の参考資料において使用していた「評価規準に盛り込むべき事項」や「評価規準の設定例」については，報告において「現行の参考資料のように評価規準を詳細に示すのではなく，各教科等の特質に応じて，学習指導要領の規定から評価規準を作成する際の手順を示すことを基本とする」との指摘を受け，第2編において示すことを改め，本参考資料の第3編における事例の中で，各教科等の事例に沿った評価規準を例示したり，その作成手順等を紹介したりする形に改めている。

　次に，本参考資料の第2編に示す「内容のまとまりごとの評価規準」は，平成23年の「評価規準の作成，評価方法等の工夫改善のための参考資料」において示した「評価規準に盛り込むべき事項」と作成の手順を異にする。具体的には，「評価規準に盛り込むべき事項」は，平成20年改訂学習指導要領における各教科等の目標，各学年（又は分野）の目標及び内容の記述を基に，学習評価及び指導要録の改善通知で示している各教科等の評価の観点及びその趣旨，学年（又は分野）別の評価の観点の趣旨を踏まえて作成したものである。

　また，平成23年の参考資料では「評価規準に盛り込むべき事項」をより具体化したものを「評価規準の設定例」として示している。「評価規準の設定例」は，原則として，学習指導要領の各教科等の目標，学年（又は分野）別の目標及び内容のほかに，当該部分の学習指導要領解説（文部科学省刊行）の記述を基に作成していた。他方，本参考資料における「内容のまとまりごとの評価規準」については，平成29年改訂の学習指導要領の目標及び内容が育成を目指す資質・能力に関わる記述で整理されたことから，既に確認のとおり，そこでの「内容のまとまり」ごとの記述を，文末を変換するなどにより評価規準とすることを可能としており，学習指導要領の記載と表裏一体をなす関係にあると言える。

　さらに，「主体的に学習に取り組む態度」の「各教科等・各学年等の評価の観点の趣旨」についてである。前述のとおり，従前の「関心・意欲・態度」の観点から「主体的に学習に取り組む態度」の観点に改められており，「主体的に学習に取り組む態度」の観点に関しては各学年（又は分野）の「1　目標」を参考にしつつ，必要に応じて，改善等通知別紙4に示された学年（又は分野）別の評価の観点の趣旨のうち「主体的に学習に取り組む態度」に関わる部分を用いて「内容のまとまりごとの評価規準」を作成する必要がある。

---

[14] 特別活動については，これまでも三つの観点に基づいて児童生徒の資質・能力の育成を目指し，指導に生かしてきたところであり，上記の変更点に該当するものではないことに留意が必要である。

報告にあるとおり,「主体的に学習に取り組む態度」は,現行の「関心・意欲・態度」の観点の本来の趣旨であった,各教科等の学習内容に関心をもつことのみならず,よりよく学ぼうとする意欲をもって学習に取り組む態度を評価することを改めて強調するものである。また,本観点に基づく評価としては,「主体的に学習に取り組む態度」に係る各教科等の評価の観点の趣旨に照らし,

① 知識及び技能を獲得したり,思考力,判断力,表現力等を身に付けたりすることに向けた粘り強い取組を行おうとする側面と,

② ①の粘り強い取組を行う中で,自らの学習を調整しようとする側面,

という二つの側面を評価することが求められるとされた[15]。

　以上の点から,今回の改善等通知で示した「主体的に学習に取り組む態度」の「各教科等・各学年等の評価の観点の趣旨」は,平成22年通知で示した「関心・意欲・態度」の「各教科等・各学年等の評価の観点の趣旨」から改められている。

---

[15] 各教科等によって,評価の対象に特性があることに留意する必要がある。例えば,体育・保健体育科の運動に関する領域においては,公正や協力などを,育成する「態度」として学習指導要領に位置付けており,各教科等の目標や内容に対応した学習評価が行われることとされている。

第２編

「内容のまとまりごとの評価規準」
を作成する際の手順

1　小学校理科の「内容のまとまり」

小学校理科における「内容のまとまり」は，以下のようになっている。

〔第3学年〕

「A　物質・エネルギー」(1)　物と重さ

「A　物質・エネルギー」(2)　風とゴムの力の働き

「A　物質・エネルギー」(3)　光と音の性質

「A　物質・エネルギー」(4)　磁石の性質

「A　物質・エネルギー」(5)　電気の通り道

「B　生命・地球」(1)　身の回りの生物

「B　生命・地球」(2)　太陽と地面の様子

※　他学年においても，各区分の内容の(1)，(2)・・・の各項目を「内容のまとまり」とする。

2　小学校理科における「内容のまとまりごとの評価規準」作成の手順

　　ここでは，第3学年　A(1)「物と重さ」を取り上げて，「内容のまとまりごとの評価規準」作成の手順を説明する。

　　まず，学習指導要領に示された教科及び学年の目標を踏まえて，「評価の観点及びその趣旨」が作成されていることを理解する。その上で，①及び②の手順を踏む。

＜例　第3学年　A(1)「物と重さ」＞

【小学校学習指導要領 第2章 第4節　理科「第1　目標」】

　　自然に親しみ，理科の見方・考え方を働かせ，見通しをもって観察，実験を行うことなどを通して，自然の事物・現象についての問題を科学的に解決するために必要な資質・能力を次のとおり育成することを目指す。

（1）	（2）	（3）
自然の事物・現象についての理解を図り，観察，実験などに関する基本的な技能を身に付けるようにする。	観察，実験などを行い，問題解決の力を養う。	自然を愛する心情や主体的に問題解決しようとする態度を養う。

（小学校学習指導要領 P.94）

【改善等通知 別紙4　理科（1）評価の観点及びその趣旨　＜小学校　理科＞】

知識・技能	思考・判断・表現	主体的に学習に取り組む態度
自然の事物・現象についての性質や規則性などについて理解しているとともに，器具や機器などを目的に応じて工夫して扱いながら観察，実験などを行い，それらの過程や得られた結果を適切に記録している。	自然の事物・現象から問題を見いだし，見通しをもって観察，実験などを行い，得られた結果を基に考察し，それらを表現するなどして問題解決している。	自然の事物・現象に進んで関わり，粘り強く，他者と関わりながら問題解決しようとしているとともに，学んだことを学習や生活に生かそうとしている。

（改善等通知　別紙4　P.11）

【小学校学習指導要領 第2章 第4節 理科「第2 各学年の目標及び内容」〔第3学年〕1 目標】

〔第3学年〕

(1) 物質・エネルギー

（1）	（2）	（3）
物の性質，風とゴムの力の働き，光と音の性質，磁石の性質及び電気の回路についての理解を図り，観察，実験などに関する基本的な技能を身に付けるようにする。	物の性質，風とゴムの力の働き，光と音の性質，磁石の性質及び電気の回路について追究する中で，主に差異点や共通点を基に，問題を見いだす力を養う。	物の性質，風とゴムの力の働き，光と音の性質，磁石の性質及び電気の回路について追究する中で，主体的に問題解決しようとする態度を養う。

(小学校学習指導要領 P.94)

(2) 生命・地球

（1）	（2）	（3）
身の回りの生物，太陽と地面の様子についての理解を図り，観察，実験などに関する基本的な技能を身に付けるようにする。	身の回りの生物，太陽と地面の様子について追究する中で，主に差異点や共通点を基に，問題を見いだす力を養う。	身の回りの生物，太陽と地面の様子について追究する中で，生物を愛護する態度や主体的に問題解決しようとする態度を養う。

(小学校学習指導要領 P.94)

【改善等通知 別紙4 理科（2）学年・分野別の評価の観点の趣旨＜小学校 理科＞第3学年】

知識・技能	思考・判断・表現	主体的に学習に取り組む態度
物の性質，風とゴムの力の働き，光と音の性質，磁石の性質，電気の回路，身の回りの生物及び太陽と地面の様子について理解しているとともに，器具や機器などを正しく扱いながら調べ，それらの過程や得られた結果を分かりやすく記録している。	物の性質，風とゴムの力の働き，光と音の性質，磁石の性質，電気の回路，身の回りの生物及び太陽と地面の様子について，観察，実験などを行い，主に差異点や共通点を基に，問題を見いだし，表現するなどして問題解決している。	物の性質，風とゴムの力の働き，光と音の性質，磁石の性質，電気の回路，身の回りの生物及び太陽と地面の様子についての事物・現象に進んで関わり，他者と関わりながら問題解決しようとしているとともに，学んだことを学習や生活に生かそうとしている。

(改善等通知 別紙4 P.11)

①　各教科における「内容のまとまり」と「評価の観点」との関係を確認する。

（1）物と重さ

　　物の性質について，形や体積に着目して，重さを比較しながら調べる活動を通して，次の事項を身に付けることができるよう指導する。

ア　次のことを理解するとともに，観察，実験などに関する技能を身に付けること。

　（ア）物は，形が変わっても重さは変わらないこと。

　（イ）物は，体積が同じでも重さは違うことがあること。

イ　物の形や体積と重さとの関係について追究する中で，差異点や共通点を基に，物の性質についての問題を見いだし，表現すること。

　（下線）…知識及び技能に関する内容

　（波線）…思考力，判断力，表現力等に関する内容

---

②　【観点ごとのポイント】を踏まえ，「内容のまとまりごとの評価規準」を作成する。

（1）「内容のまとまりごとの評価規準」を作成する際の【観点ごとのポイント】

○「知識・技能」のポイント

・「知識」についての「内容のまとまりごとの評価規準」は，学習指導要領の「２　内容」における知識に関する内容である（ア），（イ）などの文末を「～を理解している」として作成する。

・「技能」についての「内容のまとまりごとの評価規準」は，学習指導要領の「２　内容」における技能に関する内容である「観察，実験などに関する技能を身に付けること」の文末を「～身に付けている」として作成する。

○「思考・判断・表現」のポイント

・「思考・判断・表現」についての「内容のまとまりごとの評価規準」は，学習指導要領の「２　内容」における思考力，判断力，表現力等に関する内容である，「…について追究する中で，差異点や共通点を基に，…についての問題を見いだし，表現すること」の文末を「～表現している」として作成する。

○「主体的に学習に取り組む態度」のポイント

・「主体的に学習に取り組む態度」についての「内容のまとまりごとの評価規準」は，学習指導要領の「２　内容」に育成を目指す資質・能力が示されていないことから，「学年・分野別の評価の観点の趣旨」の「…についての事物・現象に進んで関わり，他者と関わりながら問題解決しようとしているとともに，学んだことを学習や生活に生かそうとしている」を用いて作成する。

（2）学習指導要領の「2　内容」及び「内容のまとまりごとの評価規準（例）」

	知識及び技能	思考力，判断力，表現力等	学びに向かう力，人間性等
学習指導要領 2 内容	ア　次のことを理解するとともに，観察，実験などに関する技能を身に付けること。 (ア) 物は，形が変わっても重さは変わらないこと。 (イ) 物は，体積が同じでも重さは違うことがあること。	イ　物の形や体積と重さとの関係について追究する中で，差異点や共通点を基に，物の性質についての問題を見いだし，表現すること。	※内容には，学びに向かう力，人間性等について示されていないことから，該当学年の目標(3)を参考にする。

	知識・技能	思考・判断・表現	主体的に学習に取り組む態度
内容のまとまりごとの評価規準　例	・物は，形が変わっても重さは変わらないことを理解している。 ・物は，体積が同じでも重さは違うことがあることを理解している。 ・観察，実験などに関する技能を身に付けている。	・物の形や体積と重さとの関係について追究する中で，差異点や共通点を基に，物の性質についての問題を見いだし，表現している。	・物の性質についての事物・現象に進んで関わり，他者と関わりながら問題解決しようとしているとともに，学んだことを学習や生活に生かそうとしている。 ※学年・分野別の評価の観点の趣旨のうち「主体的に学習に取り組む態度」に関わる部分を用いて作成する。

第３編

単元ごとの学習評価について

（事例）

第1章 「内容のまとまりごとの評価規準」の考え方を踏まえた評価規準の作成

1 本編事例における学習評価の進め方について

　単元における観点別学習状況の評価を実施するに当たり，まずは年間の指導と評価の計画を確認することが重要である。その上で，学習指導要領の目標や内容，「内容のまとまりごとの評価規準」の考え方等を踏まえ，以下のように進めることが考えられる。なお，複数の単元にわたって評価を行う場合など，以下の方法によらない事例もあることに留意する必要がある。

評価の進め方	留意点
1　単元の目標を作成する	○　学習指導要領の目標や内容，学習指導要領解説等を踏まえて作成する。 ○　児童の実態，前単元までの学習状況等を踏まえて作成する。 ※　単元の目標及び評価規準の関係性（イメージ）については下図参照
2　単元の評価規準を作成する	
3　「指導と評価の計画」を作成する	○　1，2を踏まえ，評価場面や評価方法等を計画する。 ○　どのような評価資料（児童の反応やノート，ワークシート，作品等）を基に，「おおむね満足できる」状況（B）と評価するかを考えたり，「努力を要する」状況（C）への手立て等を考えたりする。
授業を行う	○　3に沿って観点別学習状況の評価を行い，児童の学習改善や教師の指導改善につなげる。
4　観点ごとに総括する	○　集めた評価資料やそれに基づく評価結果などから，観点ごとの総括的評価（A，B，C）を行う。

2　単元の評価規準の作成のポイント

　理科においては，学習指導要領における「内容のまとまり」を「単元」と置き換えることが可能であるため，学習指導要領及び学習指導要領解説等における「内容のまとまり」の記載事項を踏まえて，「単元の目標」を設定し，「評価規準」を作成することができる。

（1）第3学年における「単元の評価規準（例)」の作成について
① 学習指導要領の記載事項や学年別の評価の観点の趣旨から作成された，第3学年の「単元の評価規準（例)」の概要を知る。

第3学年の「単元の評価規準（例)」の概要

知識・技能	思考・判断・表現	主体的に学習に取り組む態度
・（ア）を理解している。 ・（イ）を理解している。 ・（A）について，器具や機器などを正しく扱いながら調べ，それらの過程や得られた結果を分かりやすく記録している。	・（A）について，差異点や共通点を基に，問題を見いだし，表現するなどして問題解決している。 ・（A）について，観察，実験などを行い，得られた結果を基に考察し，表現するなどして問題解決している。	・（A）についての事物・現象に進んで関わり，他者と関わりながら問題解決しようとしている。 ・（A）について学んだことを学習や生活に生かそうとしている。

　※　（ア），（イ）は，知識に関する内容を示している。
　※　（A）は，「内容のまとまり」における学習の対象を示している。
　※　下線部は，学年によって表現が異なる場合がある部分を示している。

② 観点ごとのポイントを知る。

○「知識・技能」のポイント
　・「知識」についての「単元の評価規準」は，「内容のまとまり」の知識に関する内容である（ア），（イ）などの文末を「〜を理解している」として作成する。
　・「技能」についての「単元の評価規準」は，「（A）について，器具や機器などを正しく扱いながら調べ，それらの過程や得られた結果を分かりやすく記録している」とし，（A）を「内容のまとまり」における学習の対象に置き換えて作成する。

○「思考・判断・表現」のポイント
　・「思考・判断・表現」についての「単元の評価規準」は，学年で主に育成を目指す問題解決の力を踏まえ，「（A）について，差異点や共通点を基に，問題を見いだし，表現するなどして問題解決している」とし，（A）を「内容のまとまり」における学習の対象に置き換えて作成する。
　・他の学年で掲げている問題解決の力の育成についても十分に配慮する必要があることを踏ま

え，第3学年では，「(A) について，観察，実験などを行い，得られた結果を基に考察し，表現するなどして問題解決している」とし，(A) を「内容のまとまり」における学習の対象に置き換えて作成する。

〇 「主体的に学習に取り組む態度」のポイント
・「主体的に学習に取り組む態度」についての「単元の評価規準」は，以下の※1～3の視点を踏まえ，「(A) についての事物・現象に進んで関わり※1，他者と関わりながら問題解決しようとしている※2」「(A) について学んだことを学習や生活に生かそうとしている※3」とし，(A) を「内容のまとまり」における学習の対象に置き換えて作成する。
　　※1　粘り強い取組を行おうとする側面
　　※2　自らの学習を調整しようとする側面
　　※3　理科を学ぶことの意義や有用性を認識しようとする側面

③　観点ごとに「単元の評価規準」を作成する。
　前述の②における「観点ごとのポイント」を踏まえ，「単元の評価規準」を作成する。作成された評価規準を，児童や学校，地域の実態を踏まえて編成した教育課程の下で作成された指導計画に基づく授業（「学習指導」）の中で生かしていくことで，「学習評価」の充実を図り，教育活動の質の向上につなげていく。

【第3学年B（2）「太陽と地面の様子」の評価規準（例）】

知識・技能	思考・判断・表現	主体的に学習に取り組む態度
・日陰は太陽の光を遮るとでき，日陰の位置は太陽の位置の変化によって変わることを理解している。 ・地面は太陽によって暖められ，日なたと日陰では地面の暖かさや湿り気に違いがあることを理解している。 ・太陽と地面の様子との関係について，器具や機器などを正しく扱いながら調べ，それらの過程や得られた結果を分かりやすく記録している。	・太陽と地面の様子との関係について，差異点や共通点を基に，問題を見いだし，表現するなどして問題解決している。 ・太陽と地面の様子との関係について，観察，実験などを行い，得られた結果を基に考察し，表現するなどして問題解決している。	・太陽と地面の様子との関係についての事物・現象に進んで関わり，他者と関わりながら問題解決しようとしている。 ・太陽と地面の様子との関係について学んだことを学習や生活に生かそうとしている。

（2）第4学年における「単元の評価規準（例）」の作成について

① 学習指導要領の記載事項や学年別の評価の観点の趣旨から作成された，第4学年の「単元の評価規準（例）」の概要を知る。

第4学年の「単元の評価規準（例）」の概要

知識・技能	思考・判断・表現	主体的に学習に取り組む態度
・（ア）を理解している。 ・（イ）を理解している。 ・（A）について，器具や機器などを正しく扱いながら調べ，それらの過程や得られた結果を分かりやすく記録している。	・（A）について，既習の内容や生活経験を基に，根拠のある予想や仮説を発想し，表現するなどして問題解決している。 ・（A）について，観察，実験などを行い，得られた結果を基に考察し，表現するなどして問題解決している。	・（A）についての事物・現象に進んで関わり，他者と関わりながら問題解決しようとしている。 ・（A）について学んだことを学習や生活に生かそうとしている。

※ （ア），（イ）は，知識に関する内容を示している。

※ （A）は，「内容のまとまり」における学習の対象を示している。

※ 下線部は，学年によって表現が異なる場合がある部分を示している。

② 観点ごとのポイントを知る。

○「知識・技能」のポイント

　・「知識」についての「単元の評価規準」は，「内容のまとまり」の知識に関する内容である（ア），（イ）などの文末を「〜を理解している」として作成する。（第3学年と同様の手順）

　・「技能」についての「単元の評価規準」は，「（A）について，器具や機器などを正しく扱いながら調べ，それらの過程や得られた結果を分かりやすく記録している」とし，（A）を「内容のまとまり」における学習の対象に置き換えて作成する。（第3学年と同様の手順）

○「思考・判断・表現」のポイント

　・「思考・判断・表現」についての「単元の評価規準」は，学年で主に育成を目指す問題解決の力を踏まえ，「（A）について，既習の内容や生活経験を基に，根拠のある予想や仮説を発想し，表現するなどして問題解決している」とし，（A）を「内容のまとまり」における学習の対象に置き換えて作成する。

　・他の学年で掲げている問題解決の力の育成についても十分に配慮する必要があることを踏まえ，第4学年では，「（A）について，観察，実験などを行い，得られた結果を基に考察し，表現するなどして問題解決している」とし，（A）を「内容のまとまり」における学習の対象に置き換えて作成する。（第3学年と同様の手順）

○「主体的に学習に取り組む態度」のポイント

- 「主体的に学習に取り組む態度」についての「単元の評価規準」は，以下の※1〜3の視点を踏まえ，「（A）についての事物・現象に進んで関わり※1，他者と関わりながら問題解決しようとしている※2」「（A）について学んだことを学習や生活に生かそうとしている※3」とし，（A）を「内容のまとまり」における学習の対象に置き換えて作成する。

（第3学年と同様の手順）

  ※1　粘り強い取組を行おうとする側面

  ※2　自らの学習を調整しようとする側面

  ※3　理科を学ぶことの意義や有用性を認識しようとする側面

③　観点ごとに「単元の評価規準」を作成する。

　前述の②における「観点ごとのポイント」を踏まえ，「単元の評価規準」を作成する。作成された評価規準を，児童や学校，地域の実態を踏まえて編成した教育課程の下で作成された指導計画に基づく授業（「学習指導」）の中で生かしていくことで，「学習評価」の充実を図り，教育活動の質の向上につなげていく。

【第4学年A（3）「電流の働き」の評価規準（例）】

知識・技能	思考・判断・表現	主体的に学習に取り組む態度
・乾電池の数やつなぎ方を変えると，電流の大きさや向きが変わり，豆電球の明るさやモーターの回り方が変わることを理解している。 ・電流の働きについて，器具や機器などを正しく扱いながら調べ，それらの過程や得られた結果を分かりやすく記録している。	・電流の働きについて，既習の内容や生活経験を基に，根拠のある予想や仮説を発想し，表現するなどして問題解決している。 ・電流の働きについて，観察，実験などを行い，得られた結果を基に考察し，表現するなどして問題解決している。	・電流の働きについての事物・現象に進んで関わり，他者と関わりながら問題解決しようとしている。 ・電流の働きについて学んだことを学習や生活に生かそうとしている。

第3編

（3）第5学年における「単元の評価規準（例）」の作成について

① 学習指導要領の記載事項や学年別の評価の観点の趣旨から作成された，第5学年の「単元の評価規準（例）」の概要を知る。

第5学年の「単元の評価規準（例）」の概要

知識・技能	思考・判断・表現	主体的に学習に取り組む態度
・（ア）を理解している。 ・（イ）を理解している。 ・（A）について，観察，実験などの目的に応じて，器具や機器などを選択して，正しく扱いながら調べ，それらの過程や得られた結果を適切に記録している。	・（A）について，予想や仮説を基に，解決の方法を発想し，表現するなどして問題解決している。 ・（A）について，観察，実験などを行い，得られた結果を基に考察し，表現するなどして問題解決している。	・（A）についての事物・現象に進んで関わり，粘り強く，他者と関わりながら問題解決しようとしている。 ・（A）について学んだことを学習や生活に生かそうとしている。

※ （ア），（イ）は，知識に関する内容を示している。

※ （A）は，「内容のまとまり」における学習の対象を示している。

※ 下線部は，学年によって表現が異なる場合がある部分を示している。

② 観点ごとのポイントを知る。

○「知識・技能」のポイント
・「知識」についての「単元の評価規準」は，「内容のまとまり」の知識に関する内容である（ア），（イ）などの文末を「～を理解している」として作成する。（第3学年と同様の手順）
・「技能」についての「単元の評価規準」は，「（A）について，観察，実験などの目的に応じて，器具や機器などを選択して，正しく扱いながら調べ，それらの過程や得られた結果を適切に記録している」とし，（A）を「内容のまとまり」における学習の対象に置き換えて作成する。

○「思考・判断・表現」のポイント
・「思考・判断・表現」についての「単元の評価規準」は，学年で主に育成を目指す問題解決の力を踏まえ，「（A）について，予想や仮説を基に，解決の方法を発想し，表現するなどして問題解決している」とし，（A）を「内容のまとまり」における学習の対象に置き換えて作成する。
・他の学年で掲げている問題解決の力の育成についても十分に配慮する必要があることを踏まえ，第5学年では，「（A）について，観察，実験などを行い，得られた結果を基に考察し，表現するなどして問題解決している」とし，（A）を「内容のまとまり」における学習の対象に置き換えて作成する。（第3学年と同様の手順）

○「主体的に学習に取り組む態度」のポイント
・「主体的に学習に取り組む態度」についての「単元の評価規準」は，以下の※1～3の視点を

踏まえ，「（A）についての事物・現象に進んで関わり※1，粘り強く※1，他者と関わりながら問題解決しようとしている※2」「（A）について学んだことを学習や生活に生かそうとしている※3」とし，（A）を「内容のまとまり」における学習の対象に置き換えて作成する。

※1　粘り強い取組を行おうとする側面

※2　自らの学習を調整しようとする側面

※3　理科を学ぶことの意義や有用性を認識しようとする側面

③　観点ごとに「単元の評価規準」を作成する。

前述の②における「観点ごとのポイント」を踏まえ，「単元の評価規準」を作成する。作成された評価規準を，児童や学校，地域の実態を踏まえて編成した教育課程の下で作成された指導計画に基づく授業（「学習指導」）の中で生かしていくことで，「学習評価」の充実を図り，教育活動の質の向上につなげていく。

【第5学年B（2）「動物の誕生」の評価規準（例）】

知識・技能	思考・判断・表現	主体的に学習に取り組む態度
・魚には雌雄があり，生まれた卵は日がたつにつれて中の様子が変化してかえることを理解している。 ・人は，母体内で成長して生まれることを理解している。 ・動物の発生や成長について，観察，実験などの目的に応じて，器具や機器などを選択して，正しく扱いながら調べ，それらの過程や得られた結果を適切に記録している。	・動物の発生や成長について，予想や仮説を基に，解決の方法を発想し，表現するなどして問題解決している。 ・動物の発生や成長について，観察，実験などを行い，得られた結果を基に考察し，表現するなどして問題解決している。	・動物の発生や成長についての事物・現象に進んで関わり，粘り強く，他者と関わりながら問題解決しようとしている。 ・動物の発生や成長について学んだことを学習や生活に生かそうとしている。

（4）第6学年における「単元の評価規準（例)」の作成について

① 学習指導要領の記載事項や学年別の評価の観点の趣旨から作成された，第6学年の「単元の評価規準（例)」の概要を知る。

第6学年の「単元の評価規準（例)」の概要

知識・技能	思考・判断・表現	主体的に学習に取り組む態度
・（ア）を理解している。 ・（イ）を理解している。 ・（A）について，観察，実験などの目的に応じて，器具や機器などを選択して，正しく扱いながら調べ，それらの過程や得られた結果を適切に記録している。	・（A）について，問題を見いだし，予想や仮説を基に，解決の方法を発想し，表現するなどして問題解決している。 ・（A）について，観察，実験などを行い，（B）について，より妥当な考えをつくりだし，表現するなどして問題解決している。	・（A）についての事物・現象に進んで関わり，粘り強く，他者と関わりながら問題解決しようとしている。 ・（A）について学んだことを学習や生活に生かそうとしている。

※ （ア)，（イ）は，知識に関する内容を示している。

※ （A）は，「内容のまとまり」における学習の対象を示している。

※ （B）は，その場面で追究する学習内容を示している。

※ 下線部は，学年によって表現が異なる場合がある部分を示している。

② 観点ごとのポイントを知る。

○「知識・技能」のポイント
　・「知識」についての「単元の評価規準」は，「内容のまとまり」の知識に関する内容である（ア)，（イ）などの文末を「〜を理解している」として作成する。（第3学年と同様の手順）
　・「技能」についての「単元の評価規準」は，「（A）について，観察，実験などの目的に応じて，器具や機器などを選択して，正しく扱いながら調べ，それらの過程や得られた結果を適切に記録している」とし，（A）を「内容のまとまり」における学習の対象に置き換えて作成する。
　　　　　　　　　　　　　　　　　　　　　　　　　　　　（第5学年と同様の手順）

○「思考・判断・表現」のポイント
　・「思考・判断・表現」についての「単元の評価規準」は，学年で主に育成を目指す問題解決の力を踏まえ，「（A）について，観察，実験などを行い，（B）について，より妥当な考えをつくりだし，表現するなどして問題解決している」とし，（A）を「内容のまとまり」における学習の対象に，（B）をその場面で追究する学習内容に置き換えて作成する。
　・他の学年で掲げている問題解決の力の育成についても十分に配慮する必要があることを踏まえ，第6学年では，「（A）について，問題を見いだし，予想や仮説を基に，解決の方法を発想し，表現するなどして問題解決している」とし，（A）を「内容のまとまり」における学習の対象に置き換えて作成する。

○「主体的に学習に取り組む態度」のポイント

・「主体的に学習に取り組む態度」についての「単元の評価規準」は，以下の※1～3の視点を踏まえ，「(A) についての事物・現象に進んで関わり※1，粘り強く※1，他者と関わりながら問題解決しようとしている※2」「(A) について学んだことを学習や生活に生かそうとしている※3」とし，(A) を「内容のまとまり」における学習の対象に置き換えて作成する。

(第5学年と同様の手順)

※1　粘り強い取組を行おうとする側面

※2　自らの学習を調整しようとする側面

※3　理科を学ぶことの意義や有用性を認識しようとする側面

第3編

③　観点ごとに「単元の評価規準」を作成する。

前述の②における「観点ごとのポイント」を踏まえ，「単元の評価規準」を作成する。作成された評価規準を，児童や学校，地域の実態を踏まえて編成した教育課程の下で作成された指導計画に基づく授業（「学習指導」）の中で生かしていくことで，「学習評価」の充実を図り，教育活動の質の向上につなげていく。

【第6学年A（1）「燃焼の仕組み」の評価規準（例）】

知識・技能	思考・判断・表現	主体的に学習に取り組む態度
・植物体が燃えるときには，空気中の酸素が使われて二酸化炭素ができることを理解している。 ・燃焼の仕組みについて，観察，実験などの目的に応じて，器具や機器などを選択して，正しく扱いながら調べ，それらの過程や得られた結果を適切に記録している。	・燃焼の仕組みについて，問題を見いだし，予想や仮説を基に，解決の方法を発想し，表現するなどして問題解決している。 ・燃焼の仕組みについて，観察，実験などを行い，物が燃えたときの空気の変化について，より妥当な考えをつくりだし，表現するなどして問題解決している。	・燃焼の仕組みについての事物・現象に進んで関わり，粘り強く，他者と関わりながら問題解決しようとしている。 ・燃焼の仕組みについて学んだことを学習や生活に生かそうとしている。

第2章　学習評価に関する事例について

1　事例の特徴

　第1編第1章2（4）で述べた学習評価の改善の基本的な方向性を踏まえつつ，平成29年改訂学習指導要領の趣旨・内容の徹底に資する評価の事例を示すことができるよう，本参考資料における事例は，原則として以下のような方針を踏まえたものとしている。

○　単元に応じた評価規準の設定から評価の総括までとともに，児童の学習改善及び教師の指導改善までの一連の流れを示している

　本参考資料で提示する事例は，いずれも，単元の評価規準の設定から評価の総括までとともに，評価結果を児童の学習改善や教師の指導改善に生かすまでの一連の学習評価の流れを念頭においたものである（事例の一つは，この一連の流れを特に詳細に示している）。なお，観点別の学習状況の評価については，「おおむね満足できる」状況，「十分満足できる」状況，「努力を要する」状況と判断した児童の具体的な状況の例などを示している。「十分満足できる」状況という評価になるのは，児童が実現している学習の状況が質的な高まりや深まりをもっていると判断されるときである。

○　観点別の学習状況について評価する時期や場面の精選について示している

　報告や改善等通知では，学習評価については，日々の授業の中で児童の学習状況を適宜把握して指導の改善に生かすことに重点を置くことが重要であり，観点別の学習状況についての評価は，毎回の授業ではなく原則として単元や題材など内容や時間のまとまりごとに，それぞれの実現状況を把握できる段階で行うなど，その場面を精選することが重要であることが示された。このため，観点別の学習状況について評価する時期や場面の精選について，「指導と評価の計画」の中で，具体的に示している。

○　評価方法の工夫を示している

　児童の反応やノート，ワークシート，作品等の評価資料をどのように活用したかなど，評価方法の多様な工夫について示している。

2　各事例概要一覧と事例

事例1　キーワード　指導と評価の計画から評価の総括まで
「太陽と地面の様子」（第3学年）

　第3学年「B　生命・地球」の「（2）太陽と地面の様子」を例として，指導と評価の計画から評価の総括までの事例を紹介する。

　本事例では，評価の計画として，児童全員の観点別の学習状況を記録に残す場面と，特徴的な児童の学習状況を確認する場面※を示し，評価を行う場面や頻度の精選を示している。評価の総括として，指導と評価の計画に基づき，各観点における評価規準に従って評価を行い，その評価情報を総括するとともに，児童の学習改善や教師の指導改善に生かす例を示している。

　※　特徴的な児童の学習状況を確認する場面とは，設定した評価規準に照らし，指導を要する児童等を確認することで，観点別の学習状況について評価する時期や場面を精選した時間を指す。

事例2　キーワード　「知識・技能」の評価
「電流の働き」（第4学年）

　第4学年「A　物質・エネルギー」の「（3）電流の働き」を例として，「知識・技能」の評価規準のうち，「技能」の評価を行う事例を紹介する。

　本事例では，器具や機器などを正しく扱いながら調べ，それらの過程や得られた結果を分かりやすく記録しているかを，児童の行動やノートの記録などを基に捉え，指導と評価の一体化を図り，児童が変容していく様子を示している。なお，「知識」の評価の例については事例1に示している。

事例3　キーワード　「思考・判断・表現」の評価
「燃焼の仕組み」（第6学年）

　第6学年「A　物質・エネルギー」の「（1）燃焼の仕組み」を例として，主に特徴的な児童の学習状況を確認する場面での「思考・判断・表現」の確認を行う事例を紹介する。

　本事例では，第6学年で主に育成を目指す「より妥当な考えをつくりだす力」を発揮しながら問題解決しているかを，児童の発言やノートの記述などを基に捉えた例を示している。本事例で示している時間での教師の評価活動は，同様の評価規準で児童全員の学習状況を記録に残す場面の評価につながるものである。

事例4　キーワード　「主体的に学習に取り組む態度」の評価（単元を越えた長期的な視点での評価）
「動物の誕生」（第5学年）

　第5学年「B　生命・地球」の「（1）植物の発芽，成長，結実」，「（2）動物の誕生」を例として，単元を越えた長期的な視点で，「主体的に学習に取り組む態度」の評価を行う事例を紹介する。

　本事例では，自然の事物・現象に進んで関わり，粘り強く問題解決しようとしているか，また，他者と関わり，自分の考えや学習の進め方を振り返り，見直そうとしているかを，児童の行動やノートの記述などを基に捉えた例を示している。その中では，「おおむね満足できる」状況であると確認した児童が，教師の指導によって「十分満足できる」状況に変容した例を示している。

単元名	内容のまとまり
太陽と地面の様子	第3学年B(2)「太陽と地面の様子」

1　単元の目標

　日なたと日陰の様子に着目して，それらを比較しながら，太陽の位置と地面の様子を調べる活動を通して，それらについての理解を図り，観察，実験などに関する技能を身に付けるとともに，主に差異点や共通点を基に，問題を見いだす力や主体的に問題解決しようとする態度を育成する。

2　「内容のまとまりごとの評価規準」

知識・技能	思考・判断・表現	主体的に学習に取り組む態度
・日陰は太陽の光を遮るとでき，日陰の位置は太陽の位置の変化によって変わることを理解している。 ・地面は太陽によって暖められ，日なたと日陰では地面の暖かさや湿り気に違いがあることを理解している。 ・観察，実験などに関する技能を身に付けている。	・日なたと日陰の様子について追究する中で，差異点や共通点を基に，太陽と地面の様子との関係についての問題を見いだし，表現している。	・太陽と地面の様子についての事物・現象に進んで関わり，他者と関わりながら問題解決しようとしているとともに，学んだことを学習や生活に生かそうとしている。

3　単元の評価規準

知識・技能	思考・判断・表現	主体的に学習に取り組む態度
①日陰は太陽の光を遮るとでき，日陰の位置は太陽の位置の変化によって変わることを理解している。 ②地面は太陽によって暖められ，日なたと日陰では地面の暖かさや湿り気に違いがあることを理解している。 ③太陽と地面の様子との関係について，器具や機器などを正しく扱いながら調べ，それ	①太陽と地面の様子との関係について，差異点や共通点を基に，問題を見いだし，表現するなどして問題解決している。 ②太陽と地面の様子との関係について，観察，実験などを行い，得られた結果を基に考察し，表現するなどして問題解決している。	①太陽と地面の様子との関係についての事物・現象に進んで関わり，他者と関わりながら問題解決しようとしている。 ②太陽と地面の様子との関係について学んだことを学習や生活に生かそうとしている。

	らの過程や得られた結果を分かりやすく記録している。			

4 指導と評価の計画

　観点別の学習状況を記録に残す場面等を精選するためには，単元の中で適切に評価を実施できるよう，指導と評価の計画を立てる段階から，評価する場面や方法等を意図的・計画的に考えておくことが重要である。本単元では，指導と評価の計画を 11 時間で設定した。11 時間の内訳は，児童全員の観点別の学習状況を記録に残す場面の 7 時間（記録：〇印）と，特徴的な児童の学習状況を確認する場面の 4 時間とした。特徴的な児童の学習状況を確認する場面の 4 時間は，それぞれの時間の観点別の評価規準に照らして指導を行い，特徴的な児童を確認したり，さらに伸ばす指導を行ったりして，児童全員の観点別の学習状況を記録に残す場面（実現状況が把握できる段階での評価）につなげるように計画した。

時間	ねらい・学習活動	重点	記録	備考
1	〇影ふみをするために，影について知っていることを出し合う。 〇影についてもっと詳しく知るために，屋外に出て，影の写真を撮る。 〇グループごとに撮影した写真を比較し，各自が問題を見いだす。	思		**思考・判断・表現①/【記述分析】** ・差異点や共通点を基に，問題を見いだすことができているかを確認する。
2	〇各自が見いだした問題を基に，学級共通の問題を設定する。 問題：かげはどのようなところにできるのだろうか。 〇複数の物で，影の形や長さ，向きなどを調べ，記録する。 結論：かげは，日光をさえぎる物があると太陽の反対側にできる。	知		**知識・技能③/【記録分析】** ・椅子やカラーコーンなどを用いて，太陽の位置と影との関係を調べ，影の形や長さ，向きなどを分かりやすく記録しているかを確認する。
3	〇影ふみを午前と午後の 2 回行い，体験したことを基に，自分なりの問題を見いだす。 〇どのようにしたら影ふみがより上手にできるのかについて話し合う。	思	〇	**思考・判断・表現①/** **【発言分析・記述分析】** ・2 回の影ふみについての差異点や共通点を基に，問題を見いだし，表現しているかを評価する。
4	問題：時間がたつと，かげの向きはどのように変わるのだろうか。 〇方位磁針や遮光板を使い，太陽の位置や影の動	知	〇	**知識・技能③/【行動観察・記録分析】** ・時間ごとの太陽の位置や影の動きについて，方位磁針などを正しく扱いながら調べ，それらの過程や得られた結

	きを観察し，記録する。			果を分かりやすく記録しているかを評価する。
5	○調べたことを基に考察し，学級で結論を導きだす。 結論：時間がたつと，かげの向きは西から東へ変わる。それは太陽のいちが東から南を通って西へと変わっているから。	知		**知識・技能①/【記述分析】** ・日陰の位置は太陽の位置の変化によって変わることを理解しているかを確認する。
6	○影ふみの振り返りを行う。 ○安全地帯（建物によってできる日陰）に入ったときのことについて感じたことを発表する。 ○屋外に出て，日なたと日陰の違いを調べる。	態	○	**主体的に学習に取り組む態度①/ 【行動観察・発言分析・記述分析】** ・太陽と地面の様子との関係についての事物・現象に進んで関わり，他者と関わりながら，問題解決しようとしているかを評価する。
7	○調べた明るさ，暖かさ，涼しさ，湿り具合などについて話し合う。 ○日なたと日陰の違いを基に，各自が問題を見いだす。	思	○	**思考・判断・表現①/【記述分析】** ・日なたと日陰の地面の様子について，差異点や共通点を基に，問題を見いだし，表現しているかを評価する。
8	問題：日なたと日かげの地面のあたたかさには，どのようなちがいがあるのだろうか。 ○午前10時と正午の2回に分けて地面の温度を計測し，結果を記録する。	知	○	**知識・技能③/【行動観察・記録分析】** ・太陽と地面の様子との関係について，放射温度計などを正しく扱いながら調べ，結果を分かりやすく記録しているかを評価する。
9	○観察の結果から日なたと日陰の地面の暖かさについて考察し，日なたと日陰の違いについての結論を導きだす。 結論：日なたの地面は太陽によってあたためられるから，日なたの地面の温度は日かげの地面の温度よりも高い。	思 ※		**思考・判断・表現②/【記述分析】** ・太陽と地面の様子との関係について，観察，実験などから得られた結果を基に考察し，表現するなどして問題解決しているかを確認する。
10	○時間とともに，影はどのように動くのか，日なたと日陰にはどのような違いがあるのかなど，学習したことをまとめ，影ふみのコツを考える。 ○これまでに学習したことを基に，「かげふみブック」を作成する。	知	○	**知識・技能①②/【記述分析】** ・日陰は太陽の光を遮るとでき，日陰の位置は太陽の位置の変化によって変わることや，地面は太陽によって暖められ，日なたと日陰では地面の暖かさや湿り気に違いがあることを，これまでの学習とつなげて理解しているかを評価する。

11	○作成した「かげふみブック」を参考に，再度，影ふみをする。 ○「かげふみブック」を見直す。	態	○	**主体的に学習に取り組む態度②/** 【行動観察・記述分析】 ・太陽と地面の様子との関係について学んだことを学習や生活に生かそうとしているかを評価する。

重点：児童の学習状況を確認する際，重点とする観点

　　　知…知識・技能，思…思考・判断・表現，態…主体的に学習に取り組む態度

記録：○は，備考に記入されている評価規準に照らして，児童全員の学習状況を記録に残す場面

※　：第3学年で主に育成を目指す問題解決の力は「思考・判断・表現①」で評価するため，第9時での「思考・判断・表現②」の観点は，特徴的な児童の学習状況を確認し，今後，別単元で児童全員の学習状況の評価（「思考・判断・表現②」）を行う際の基礎資料となるよう計画した。

5　観点別学習状況の評価の進め方

知識・技能

　ここでは，「知識・技能」の評価規準のうち，②についての事例を紹介する。

（1）評価規準　知識・技能②（第10時）

　地面は太陽によって暖められ，日なたと日陰では地面の暖かさや湿り気に違いがあることを理解している。

（2）評価の方法と児童を見取る際の主なポイント

　日なたと日陰では地面の暖かさや湿り気に違いがあることを，実験したことや体感したことを基にしながら理解しているかを，記述分析などの方法で評価する。

児童を見取る際の主なポイント

○　自然の事物・現象についての知識を既習の内容と関係付けて理解しているか。

・日なたと日陰の地面の暖かさの違いや湿り気の違いについて，理解したことをこれまでの学習内容と結び付けて記述しているか。

（3）指導と評価の実際

①　児童を見取る際の主なポイントを踏まえた第10時の授業の概要

　第10時は，児童全員の「知識・技能②」の学習状況を記録に残す場面として設定した。第5時においても，「知識・技能①」の評価規準を設定していたが，第5時は，児童全員の学習状況を記録に残すのではなく，特徴的な児童の学習状況を確認し，児童の学習改善や教師の指導改善に生かす場面として位置付けた。

　第5時では，時間ごとに記録した影の位置が，太陽の位置の変化に伴って変わることを理解しているかを，ノートの記述から分析し，影の位置の変化だけの記述に留まっている児童の学習状況を確認した。A児のノートには，影の位置の変化から，影が動いていることについての記述はあるが，太陽の位置の変化についての記述がなく，既習の内容が結び付いていないように見受けられた。

　第10時では，第5時の見取りを踏まえ，A児への指導として，影の位置は太陽の位置の変化によって変わることや日なたと日陰の地面の暖かさと湿り気に違いがあることを結び付けて記述することができるようにするため，これまでの学習を振り返るよう助言した。

②　実際の児童の姿

ア　「おおむね満足できる」状況と評価した例（Ａ児）

　Ａ児は，「この学習を通して分かったこと」について，はじめは，日なたと日陰の地面の比較に留まっていた。そこで，Ａ児への指導として，太陽の位置の変化による影の動きについても合わせてかくことで，学習したことがつながり，より分かりやすくなるということを伝えた。

　この時間の最後に，Ａ児は「日なたと日かげの場所は，時間によって変わる。それは，太陽のいちが時間とともに変化しているからだ。さらに日なたと日かげには，あたたかさにちがいがあるだけでなく，しめり気にもちがいがある」と記述した。日なたと日陰の地面の温度と湿り気の違いについて，影の位置が太陽の位置の変化とともに変わることを関係付けて記述できていることから「おおむね満足できる」状況と評価した。

イ　「十分満足できる」状況と評価した例（Ｂ児）

　第５時において，「日かげのいちは太陽のいちの変化によって変わる」と記述したＢ児は，本時で作成した「かげふみブック」に，鬼につかまらないようにするために逃げ込む木の影や北側のラインについて記述した。

　時間の経過により影の向きや形が変わることを記述し，影ふみで学習した内容と結び付けていることが分かる。また，「朝からずっと日かげなのですずしい」と記述し，第８時に行った観察記録も付記した。日なたと日陰について観察した事実を具体的な数値や体感と結び付け，さらに時間の経過による日なたや日陰の位置の変化と影ふみとを関係付けて，

〈更新されたＢ児の「かげふみブック」〉

「コツ」という表現を用いて記述できていたことから，「十分満足できる」状況と評価した。

思考・判断・表現

　ここでは，「思考・判断・表現」の評価規準のうち，①についての事例を紹介する。

（１）評価規準　　思考・判断・表現①（第３時）

　太陽と地面の様子との関係について，差異点や共通点を基に，問題を見いだし，表現するなどして問題解決している。

（２）評価の方法と児童を見取る際の主なポイント

　太陽と地面の様子との関係について，差異点や共通点を基に，問題を見いだしているかを，発言分析や記述分析などの方法で評価する。

児童を見取る際の主なポイント
〇　働きかけた対象の差異点や共通点を基に，問題を見いだしているか。
・日なたと日陰の時間による地面の様子の違いなど，自分が働きかけた対象についての差異点や共通点を基に，太陽と地面の様子との関係について問題を見いだしているか。

（３）指導と評価の実際

①　児童を見取る際の主なポイントを踏まえた第３時の授業の概要

　第３時は，児童全員の「思考・判断・表現①」の学習状況を記録に残す場面として設定した。第１時においても，本時と同様の観点の評価規準を設定していたが，第１時は，児童全員の学習状況

を記録に残すのではなく，特徴的な児童の学習状況を確認し，児童の学習改善や教師の指導改善に生かす場面として位置付けた。

第1時では，児童が撮影した影の写真を比較して，影のでき方について，各自が問題を見いだした。第2時では，各自が見いだした問題を基に，学級で追究することができる共通の問題を設定することができた。

〈グループごとに撮影した影の写真を比較する児童〉

このような見取りを踏まえ，第3時では，時間を変えて行った影ふみの写真を比較することで，共通点や差異点を基に，問題を見いだす活動を行った。児童は，午前と午後に行った影ふみを比較することで様々なことに気付くことができた。「逃げ込むとつかまらない安全地帯が小さくなっていた」，「影の大きさが小さくなっていた」など，時間を変えて行った活動の影の違いについての発言を，教師は「ちがうところ」として板書にまとめた。さらに，「影があるのは同じだった」，「午前も午後も，それぞれ影が伸びている向きは同じように見えた」といった発言は「同じところ」として板書にまとめた。

その後，それぞれの児童は時間を変えて行った影ふみの写真を基に，板書にまとめられた2回の影ふみの差異点や共通点と影ふみをして感じたことから，問題を見いだす活動を行った。

② 実際の児童の姿

ア 「努力を要する」状況と評価した例（C児）

C児は「木がゆれたら，かげもゆれるのか」という問題を見いだした。時間を変えて行った2度の影ふみの体験や写真を比較したことを踏まえた問題となっておらず，第1時に撮影した影の写真について感じたことだけが基になった記述になっていることから，「努力を要する」状況と評価した。C児には，もう一度，影ふみの様子を撮影した写真を比較できるようにして，2枚の写真から差異点や共通点を基に，問題を見いだすよう支援を行った。

イ 「おおむね満足できる」状況と評価した例（D児）

D児は，第1時に「なぜ，かげは黒いのか」という問題をノートに記述した。教師は対象に働きかけた上で見いだした問題であることを認めつつ，自分でその問題を解決することができるのかどうかについて考えるよう助言した。第2時では，各自が見いだした問題を紹介しながら，検証することが可能で，多くの児童が確かめてみたいと感じ，学級全体が共感できる「かげはどのようなところにできるのだろうか」を共通の問題とした。

本時において，D児は影ふみの2枚の写真を比べながら，影はできているが位置や大きさが違うことに気付いていた。影ふみをしているときに，朝は大きな木の影に逃げ込むことができたけれど，昼には逃げ込むことが難しかったという事実と，2枚の写真から気付いた差異点や共通点を結び付け，「かげの位置は，時間によって変わっているのだろうか」という問題をノートに記述していたため，「おおむね満足できる」状況と評価した。

主体的に学習に取り組む態度

ここでは，「主体的に学習に取り組む態度」の評価規準のうち，②についての事例を紹介する。

（1）評価規準　主体的に学習に取り組む態度②（第11時）

太陽と地面の様子との関係について学んだことを学習や生活に生かそうとしている。

（2）評価の方法と児童を見取る際の主なポイント

太陽と地面の様子との関係について学習したことを，他の学習や生活につなげようとしているかを，行動観察や記述分析などの方法で評価する。

児童を見取る際の主なポイント

○　学習したことを，他の学習や生活につなげようとしているか。

・学習したことを基にまとめた「かげふみブック」を，実際の影ふみに生かしたり，これまでの記述を見直す際に使ったりしようとしているか。

（3）指導と評価の実際

①　児童を見取る際の主なポイントを踏まえた第11時の授業の概要

　　第11時は，児童全員の「主体的に学習に取り組む態度②」の学習状況を記録に残す場面として設定した。本時は，学習のまとめとして，再度，影ふみを行った。児童は，太陽に向かって逃げるのではなく，太陽を背にして逃げると逃げやすいということや，北側に引いたラインの上に立つとつかまらないことなど，学習したことを生かして，影ふみを行うことができた。その後に行った「かげふみブック」の見直しでは，ほとんどの児童が，影ふみでどのようにするとうまく逃げたり，追いかけたりできるかということに終始するのではなく，これまでの学習と関係付けながら，影ふみのコツについての記述を更新することができた。

〈北側のラインに逃げる児童〉

②　実際の児童の姿

ア　「おおむね満足できる」状況と評価した例（E児）

　　E児は，影ふみの途中，「かげふみのコツ」について「逃げる方向を考えればよい」と発言した。「どのようにするのか」と問い返すと「つかまらないように自分の影が前にできるように走る」と答えた。影の方向については意識できているものの，太陽と影のでき方との関係についての学習内容を生かしていないと思われたため，太陽と逃げる方向との関係についても考えるよう助言した。

　　E児が影ふみ後に更新した「かげふみブック」には，「かげふみは，かげをふまれないようにすると，うまくにげられるため，にげる方向にかげがくるようにする。そのためには，太陽と反対にかげができるので，太陽にせ中を向けるようにして走ると，かげがおなかの方にできる」と記述してあった。学習したことを基にして，影ふみでつかまらないようにするという「かげふみのコツ」についての記述を更新しようとする態度が見られたため「おおむね満足できる」状況と評価した。

イ　「努力を要する」状況と評価した例（F児）

　　影ふみの際には，太陽を背にして走ったり，北側のライン際に立って影を踏まれないようにしたりしていたF児であったが，「かげふみブック」には，「思い切り走る。つかまりそうになったら，しゃがむ。かげにかくれる」と箇条書きで記していた。この記述は影ふみだけの内容に留まり，学習内容を生かそうとしていないため，「努力を要する」状況と評価した。

　　この後，F児が影ふみ中に北側のライン際に立っている様子や太陽を背に走っている様子を写真で示し，F児が影ふみで行っていたことと学習内容が結び付くよう支援した。

6 観点別学習状況の評価の総括

　ここでは，単元の評価計画に基づき，それぞれの評価の観点における評価規準に従って評価を実施し，観点別に評価を総括した事例を紹介する。なお，単元を越えた長期的な視点で評価を行うこともあることから，すべての評価規準について，記録に残す評価をしていない状況で，単元における観点別の総括的評価を行う場合もあることに留意する必要がある。

【事例　B児】

次	時	学習活動	知	思	態	児童の様子
第1次	1	影の写真を比較する				写真を比較して，差異点から問題を見いだした
	2	影の向きを調べる				影と太陽の位置を合わせて記録した
	3	影の動きについての問題を見いだす		A		午前と午後の影ふみの共通点や差異点から，影の動きについて，検証可能な問題を見いだした
	4	太陽の位置や影の動きを記録する	A			方位磁針や遮光板を正しく使い，太陽の位置や影の動きを分かりやすく記録した
	5	結果から結論を導きだす				日陰と太陽の位置変化とを結び付けて記述した
第2次	6	日なたと日陰の違いを調べる			A	友達と役割分担して，地面の体感の違いを何度も調べた
	7	日なたと日陰についての問題を見いだす		B		日なたと日陰の地面の様子についての差異点から問題を見いだした
	8	地面の温度を記録する	B			放射温度計を使って温度を記録した
	9	記録を基に考察する				地面の温度の記録を基に考察した
	10	学習したことを「かげふみブック」にまとめる	A			既習の内容と関係付けて理解した
	11	「かげふみブック」にまとめたことを影ふみに生かす			A	学習したことを影ふみだけではなく，植物を置く場所にも結び付けて考え，記述を更新した
単元の総括			A	B	A	

- 「知識・技能」の「技能」については，第4時，第8時と2度の観察記録を基に評価した。第4時は，影の動きを1時間ごとに表にして分かりやすく記録していたため「A」と評価した。第8時は，地面の温度を記録はしていたものの表にはまとめていなかったため「B」と評価した。「知識」については，第10時に総括的に評価をしたが，学習したことを既習の内容と関係付けて記述できたため「A」と評価した。評価の場面としては，「知識」が1回，「技能」が2回であるが，評価規準の数としては「知識」が2つで，「技能」が1つであることから，「知識①：A」，「知識②：A」「技能①：B」と判断し，よって「知識・技能」の総括的評価は「A」とした。

- 「思考・判断・表現」は，第3時では検証可能な問題を見いだすことができたが，第7時においては自然の事物・現象を基にしているものの，見いだした問題が検証可能なものではなかったため，総括的評価は「B」とした。

- 「主体的に学習に取り組む態度」では，友達と日なたと日陰の温度や湿り気を体感し，見通しをもって調べようとしたり，学習したことを影ふみだけでなく，植物の置き場所に結び付けたりするなど，日常生活につなげようとしている記述や行動が見られたため，総括的評価は「A」とした。

単元名	内容のまとまり
電流の働き	第4学年A(3)「電流の働き」

1　単元の目標

　電流の大きさや向き，乾電池につないだ物の様子に着目して，それらを関係付けて，電流の働きを調べる活動を通して，それらについての理解を図り，観察，実験などに関する技能を身に付けるとともに，主に既習の内容や生活経験を基に，根拠のある予想や仮説を発想する力や主体的に問題解決しようとする態度を育成する。

2　単元の評価規準

知識・技能	思考・判断・表現	主体的に学習に取り組む態度
①乾電池の数やつなぎ方を変えると，電流の大きさや向きが変わり，豆電球の明るさやモーターの回り方が変わることを理解している。 ②電流の働きについて，器具や機器などを正しく扱いながら調べ，それらの過程や得られた結果を分かりやすく記録している。	①電流の働きについて，既習の内容や生活経験を基に，根拠のある予想や仮説を発想し，表現するなどして問題解決している。 ②電流の働きについて，観察，実験などを行い，得られた結果を基に考察し，表現するなどして問題解決している。	①電流の働きについての事物・現象に進んで関わり，他者と関わりながら問題解決しようとしている。 ②電流の働きについて学んだことを学習や生活に生かそうとしている。

3　指導と評価の計画

時間	ねらい・学習活動	重点	記録	備考
1・2	○乾電池でモーターを回して，動くおもちゃを作り，気付いたことについて話し合う中で，問題を見いだす。 ○既習の内容や生活経験を基に，電流が回路の中をどのように流れているのかについて予想し，実験計画を立てる。	思	○	**思考・判断・表現①/【記述分析・発言分析】**
3	○回路を流れる電流の大きさを計る。 ○電気用図記号と回路図の表し方を知り回路図に表す。	知		**知識・技能②/【行動観察・記録分析】**

4	○乾電池1個を使い, 電流の大きさや向きを調べ, 記録する。 ○「電流は回路の中をどのように流れているのだろうか」についての結論を導きだす。	知		知識・技能②/ 【行動観察・記録分析・相互評価】 ・電流の大きさや向きについて, 検流計などを正しく扱いながら調べ, それらの過程や得られた結果を分かりやすく記録しているかを確認する。
		思	○	思考・判断・表現②/【記述分析・発言分析】
5	問題:モーターをもっと速く回すためには, どうすればよいのだろうか。 ○既習の内容や生活経験を基に予想し, 実験計画を立てる。	思	○	思考・判断・表現①/【記述分析・発言分析】
6	○乾電池2個を使い, それぞれが予想したつなぎ方について, モーターでプロペラを回したときの風の強さと電流の大きさを調べる。 ○「直列つなぎ」「並列つなぎ」の言葉を知り, それぞれの特徴を捉える。 結論：モーターをもっと速く回すためには, かん電池の個数を増やし, 直列つなぎにするとよい。	知	○	知識・技能②/ 【行動観察・記録分析・相互評価】 ・電流の大きさについて, 検流計などを正しく扱いながら調べ, それらの過程や得られた結果を分かりやすく記録しているかを評価する。
		態	○	主体的に学習に取り組む態度①/ 【行動観察・発言分析】
7	○直列つなぎ, 並列つなぎの乾電池1個を外した時の, 豆電球の明るさ, 電流の大きさを調べる。	知	○	知識・技能②/ 【行動観察・記録分析・相互評価】 ・電流の大きさについて, 検流計などを正しく扱いながら調べ, それらの過程や得られた結果を分かりやすく記録しているかを評価する。
8 ・ 9	○学んだことを基に, 電流の働きを生かしたものづくりの計画を立てる。 ○電流の働きを生かしたものづくりに取り組む。	知	○	知識・技能①/【記述分析・作品分析】
		態	○	主体的に学習に取り組む態度②/ 【記述分析・作品分析】
10	○学んだことを基に, 「理科まとめ」(科学館の人になったつもりで, 科学館に遊びに来た1年生に, 「電流の働き」がよく分かるように, 絵や図, 言葉を使ってまとめる) を作成する。	知	○	知識・技能①/【記述分析】

4　観点別学習状況の評価の進め方

ここでは，「知識・技能」の評価規準のうち，②についての事例を紹介する。

（1）評価規準　　知識・技能②（第4，6，7時）

電流の働きについて，器具や機器などを正しく扱いながら調べ，それらの過程や得られた結果を分かりやすく記録している。

（2）評価の方法と児童を見取る際の主なポイント

電流の働きについて調べる活動の中で，検流計などを正しく扱いながら調べ，それらの過程や得られた結果を分かりやすく記録しているかを，行動観察や記録分析，児童同士の相互評価などの方法で評価する。

児童を見取る際の主なポイント

○　器具や機器などを正しく扱いながら調べることができているか。

・「ショート回路になっている」，「検流計を回路に直列につなぐことができていない」などのつまずきがなく，検流計を回路内に正しくつなぐことができているか。

・検流計の数値や向きを，正しく読み取ることができているか。

・「直列つなぎ」，「並列つなぎ」を区別し，正しくつなぐことができているか。

※　児童を見取る際の主なポイントを設定するに当たっては，「全国学力・学習状況調査の結果を踏まえた理科の観察・実験に関する指導事例集【小学校】」（平成26年2月　国立教育政策研究所教育課程研究センター）を参考に，児童のつまずきパターンを想定した。

○　観察，実験などの過程や得られた結果を分かりやすく記録することができているか。

・回路図を用いて記録することができているか。

・検流計の数値や向きを，正しく記録することができているか。

・モーターの動きや豆電球の明るさに着目して記録することができているか。

・つなぎ方によるモーターの動きや豆電球の明るさの違いについて記録することができているか。

（3）指導と評価の実際

第4時の授業について

①　児童を見取る際の主なポイントを踏まえた第4時の授業の概要

第4時は，児童全員の学習状況を記録に残す場面ではなく，特徴的な児童の学習状況を確認し，児童の学習改善や教師の指導改善に生かす場面として位置付けた。本時は「電流は回路の中をどのように流れているのだろうか」という問題を解決し，回路内を流れる電流の大きさや向きについて理解する時間である。技能としては，第3時での学びを生かし，検流計を正しく扱いながら調べること，その過程や得られた結果を検流計の数値や針の向きに着目して分かりやすく記録することをねらいとして授業を構想した。ねらいの実現に向けては，互いに実験方法や手順を確認し合いながら取り組むことができるよう，グループでの活動とした。また，実験結果の客観性を高め，「分かりやすく記録すること」について確認することができるよう，学級全体で結果を共有する場を十分に確保するようにした。

実験している際，各グループの取組状況を確認したところ，どのグループにおいても「ショート回路になっている」，「検流計を回路に直列につなぐことができていない」などのつまずきはなく，検流計を回路内に正しくつなぐことができていた。しかし，ノートへの結果の記録では，検流計の

数値を正しく読み取ることができていない状況が確認された。

② 実際の児童の姿

ア 特徴的な児童の学習状況を確認した例（A児）

【学習状況の確認場面】

A児が所属するグループでは，５人で検流計の置き方や導線とのつなぎ方などを一つ一つ確かめながら回路をつくる様子が見られた。その結果，他のグループと同様に，検流計を回路内に正しくつなぐことができていた。

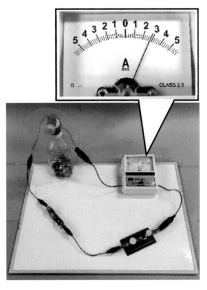

しかし，A児の結果の記録では，検流計の数値を正しく読み取ることができていない状況が確認された。本実験において，新しい乾電池を使用し，検流計のスイッチを豆電球側（0.5A）にした際には，検流計が示す数値は0.26〜0.28Aほどになる。実験を行う前，検流計のスイッチを豆電球側（0.5A）にすること，その際のひと目盛りは0.1Aであることを指導していたが，A児は「2.8A」と記録していた。

〈A児が読み取った検流計の状況〉

また，「回路図を用いて記録することができていない」，「検流計の数値や針の向きを，正しく記録することができていない」など，分かりやすく記録するという点からも，指導を要する状況にあると確認した。

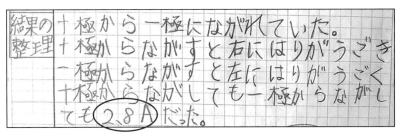

〈第４時：A児の結果の記録〉

【本時における教師の指導】

検流計の数値の読み取りに関するつまずきは，スイッチを豆電球側（0.5A）にした場合と電磁石側（５A）にした場合によって，ひと目盛りの読み方が異なることへの理解が十分ではなかったことにあると考えられる。教師があらかじめ児童のつまずきを想定し，指導すべきであった。そこで教師は検流計を拡大して示し「スイッチが豆電球側（0.5A）になっていたら，ひと目盛りは0.1A」，「スイッチが電磁石側（５A）になっていたら，ひと目盛りは１A」であることを再度確認するとともに，細かな目盛りをどのように読むかについても，ひと目盛りが異なる「自動上皿ばかり」を用いて指導した。

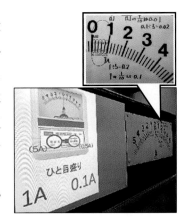

〈指導の際の板書〉

また，結果を分かりやすく記録することについては，具体的なイメージをつかむことができていないのではないかと考えた。そこで，第４時の実験においては，回路図を用いて記録すること，検流計の数値や針の向きなどを正しく記録することが，分かりやすい記録であると説明し，誰が見ても，どのような実験を行い，どのような結果を得ることができたかが

分かる記録となるようにすることが大切であること
を指導した。

【本時における児童の変容】

指導した後，検流計の数値の読み取り方に注意しな
がら再実験する場を設定し，分かりやすく記録するこ
とを意識して結果を記録する時間を確保した。する
と，A児は，スイッチが豆電球側（0.5A）の読み方で
ある「ひと目盛り0.1A」を理解し，乾電池の＋極と
－極を入れ替えた場合や検流計をモーターの左右に
入れ替えた場合において，「0.26A」「0.28A」と，数
値を正しく読み取ることができるようになった。

また，結果の記録についても，「回路図を用いて記
録すること」，「検流計の数値や針の向きを正しく記録
すること」ができるようになった。

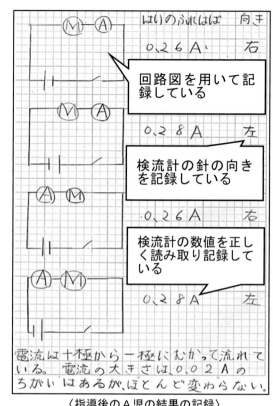

〈指導後のA児の結果の記録〉

第6時の授業について

① 児童を見取る際の主なポイントを踏まえた第6時の授業の概要

第6時は，第4時での「知識・技能②」の見取りを踏まえ，児童全員の「知識・技能②」の学習
状況を記録に残す場面として設定した。本時は「モーターをもっと速く回すためには，どうすれば
よいのだろうか」という問題を解決し，「直列つなぎ」，「並列つなぎ」の特徴を理解する時間である。

第4時において，数値を正しく読み取ることができていないというつまずきがあったことや，第
6時では，乾電池を2個扱うことによる回路の複雑さにより，検流計を回路内に正しくつなぐこと
が難しくなることが想定された。そのため，二人一組で「技能」の相互評価を行い，検流計を正し
く扱うことができるよう配慮した。この相互評価については，実験結果を記録する際に留意する点
を児童と共有することを意図したものであるとともに，相互評価の情報は児童全員の評価を行う
上で参考とすることとした。

第6時では，第4時でつまずきが確認された児童に注意を払いつつ，児童全員の学習状況を把握
するよう努めた。行動観察では，検流計を回路内に正しくつなぐことができていることが確認でき
た。しかし，数値の読み取りに関しては，乾電池2個を直列につないだ場合，検流計の針が振り切
れてしまうことから，スイッチを電磁石側（5A）にして取り組んだため，第4時の豆電球側（0.5
A）の読み方と混同してしまったり，迷ったりしている様子が伺えた。結果の記録分析では，「検
流計の数値を正しく記録することができていない」，「つなぎ方によるモーターの動きやモーター
にプロペラを付けたときの風の強さ等の違いについて記録することができていない」などの様子
が伺えた。「児童同士の相互評価」では，どのペアにおいても全ての評価項目に対して〇印が付け
られていた。このことからは，互いに操作過程を見守りながら実験に取り組んでいたことが推察さ
れた。

② 実際の児童の姿

ア 「おおむね満足できる」状況と評価した例（A児）

【学習状況の評価場面】

行動観察では，A児は「ショート回路になっている」，「検流計を回路に直列につなぐことができていない」などのつまずきをすることなく，検流計を正しく扱いながら，前時に予想したつなぎ方で比較的スムーズに実験することができていた。数値を読み取ることに関しても，スイッチが電磁石側（5A）であることを確認し，正しく読み取ることができていた。

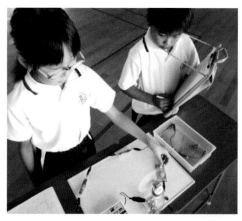

〈予想したつなぎ方を確かめるA児〉

記録分析では，次の吹き出しの記述のように見取った。

「かん電池1こ分とくらべると風が強くなっている」と，風の強さに関する記録はあるが，直列つなぎに対してのみであり，直列つなぎ，並列つなぎの違いや働きを捉えることができる記録にはなっていない

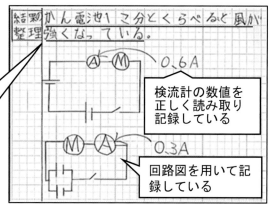

検流計の数値を正しく読み取り記録している

回路図を用いて記録している

〈第6時：A児の結果の記録〉

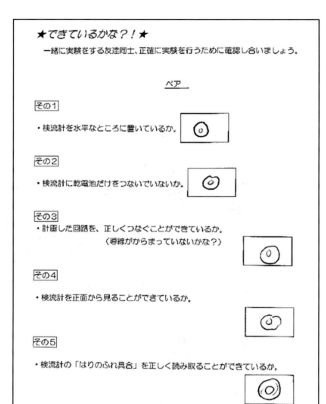

〈ペアの児童がA児を評価したシート〉

児童同士の相互評価では，全ての項目において◎印がついていた。A児を評価していた児童は，特に，「その5 検流計の『はりのふれ具合』を正しく読み取ることができているか」について，A児が検流計の数値を読み取っていることを確認してから◎印を付けていた。検流計の読み取り方を意識してA児を評価していたと推察される。

これらの行動観察と記録分析から，検流計を正しく扱いながら調べることができていたと言える。加えて，児童同士の相互評価からも，検流計を正しく扱うことができていたと推察される。しかし，つなぎ方の違いや働きについての記録が十分ではなかったことから，「おおむね満足できる」状況と評価した。

【第7時に向けた教師の指導】

　第4時と比較し，A児には技能の高まりを見取ることができた。そこで，A児がさらに「十分満足できる」状況に近付くことができるよう，豆電球の明るさと検流計の数値に着目して記録すること，「直列つなぎ」，「並列つなぎ」を区別し，その違いが分かるように記録することを指導した。

第7時の授業について

① 児童を見取る際の主なポイントを踏まえた第7時の授業の概要

　第7時は，第6時と同様，児童全員の「知識・技能②」の学習状況を記録に残す場面として設定した。乾電池1個を外した場合について実験し，さらに「直列つなぎ」，「並列つなぎ」の特徴について調べる時間である。技能としては，検流計を正しく扱いながら調べることに加えて，「直列つなぎ」，「並列つなぎ」を正確につなぐこと，得られた結果を分かりやすく記録することをねらいとして授業を構想した。

　正確につなぐことについては，第6時と同様，二人一組のペアで実験に取り組むようにした。また，分かりやすく記録することについては，「回路図を用いて記録することができる」，「検流計の数値を正しく記録することができる」，「豆電球の明るさに着目して記録することができる」といった，記録する際の視点を全体の場で確認してから，それぞれの活動に入るようにした。また，第6時において，結果の記録に関して十分ではないと判断した児童を主に見取るとともに，「おおむね満足できる」状況にある児童が「十分満足できる」状況に近付くことができるよう，豆電球の明るさと検流計の数値に着目して記録すること，「直列つなぎ」，「並列つなぎ」を区別し，その違いが分かるように記録することを助言した。

　実験している際，検流計を回路内に正しくつなぐことはできていたが，「直列つなぎ」，「並列つなぎ」を区別してつなぐことが難しい児童が数名見られた。それらの児童に対しては，児童同士の相互評価を行う中でアドバイスをもらいながらつなぎ，その後，再度一人でつなぐ場をもって技能の習得を図るようにした。記録分析では，多くの児童が分かりやすく記録することができるようになった。なお，分かりやすく記録することが難しかった児童に対しては，できている児童のノートを見本として示したり，一緒に検流計の数値を読み取って，ノートのどこに，どのように記録するとよいかを助言したりするなどの個別指導を行った。

② 実際の児童の姿

ア 「十分満足できる」状況と評価した例（A児）

【学習状況の評価場面】

　A児は，第7時のねらいである「直列つなぎ」，「並列つなぎ」を正確につなぐことについて，難易度が高い「並列つなぎ」を迷うことなくつなぐことができていた。数値を読み取ることに関しても，スイッチが電磁石側（5A）であることを確認し，正しく読み取ることができていた。

〈並列つなぎの場合を確かめるA児〉

　記録分析では，「回路図を用いて記録することができているか」，「検流計の数値を正しく読み取ることができているか」，「豆電球の明るさに着目して記録することができているか」，「つなぎ方による違いや働きについて記録することができているか」について，次の吹き出しの記述のように見取った。

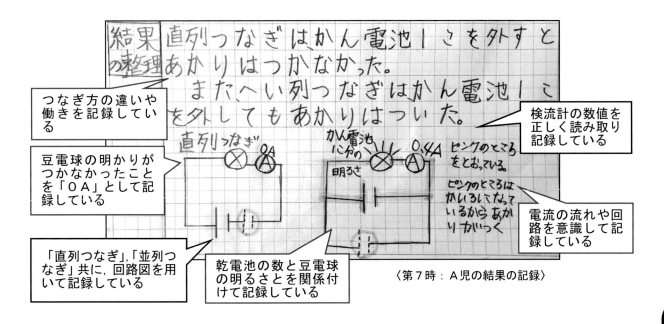

〈第7時：A児の結果の記録〉

〔吹き出し注記〕

- つなぎ方の違いや働きを記録している
- 豆電球の明かりがつかなかったことを「0A」として記録している
- 「直列つなぎ」、「並列つなぎ」共に、回路図を用いて記録している
- 乾電池の数と豆電球の明るさとを関係付けて記録している
- 検流計の数値を正しく読み取り記録している
- 電流の流れや回路を意識して記録している

以上の行動観察と記録分析から，検流計を正しく扱いながら調べること，「直列つなぎ」，「並列つなぎ」を正確につなぐことができていたと言える。また，分かりやすく記録することについて，「回路図を用いて記録すること」，「検流計の数値を正しく記録すること」，「豆電球の明るさに着目して記録すること」，「つなぎ方による違いについて記録すること」ができていたと言える。さらに，A児は，電流が流れている回路をマーカーで色付け「ピンクのところは，かいろになっているからあかりがつく」と記録していた。この記録から「回路が途切れてしまう直列の場合とは異なり，並列つなぎの場合は乾電池1個を外しても回路ができているため明かりがつく」と理解したことが読み取れる。このことから，A児は「十分満足できる」状況と評価した。

その後，A児はこれらの記録を基に考察を行い，電流の働きについての理解を深めていた。

【第4，6，7時間を通した児童の変容】

第4時において，A児は，検流計の数値を正しく読み取ることができていなかったが，スイッチの違いによる目盛りの読み方を指導したことにより，理解を深めることができた。そのため，第6時，第7時においては，数値を正しく読み取ることができるようになった。さらに，第7時になると，検流計を正しく扱うとともに，「直列つなぎ」，「並列つなぎ」を迷いなく区別してつなぐ姿が見られるようになり，技能の高まりを見取ることができた。児童のつまずきの要因を明確にし，つまずきを解消するための手立てを必要に応じて講じることにより，操作に関する技能を高めることができたと考える。

結果の記録については，第4時においては文章記述のみであったが，分かりやすく記録することのよさや具体的なイメージをつかむことができるよう指導したことにより，第6時では図と数値を用いて記録することができるようになった。さらに，第7時では回路図や数値，つなぎ方による違いや働きに加え，電流の働きについての深い理解につながるような記録ができるようになった。「児童を見取る際の主なポイント」に示した視点を具体的に指導することにより，児童は「分かりやすく記録する」ことへの理解を深め，技能を高めることができたと考える。

キーワード　「思考・判断・表現」の評価

単元名	内容のまとまり
燃焼の仕組み	第6学年Ａ(1)「燃焼の仕組み」

1　単元の目標

　空気の変化に着目して，物の燃え方を多面的に調べる活動を通して，燃焼の仕組みについての理解を図り，観察，実験などに関する技能を身に付けるとともに，主により妥当な考えをつくりだす力や主体的に問題解決しようとする態度を育成する。

2　単元の評価規準

知識・技能	思考・判断・表現	主体的に学習に取り組む態度
①植物体が燃えるときには，空気中の酸素が使われて二酸化炭素ができることを理解している。 ②燃焼の仕組みについて，観察，実験などの目的に応じて，器具や機器などを選択して，正しく扱いながら調べ，それらの過程や得られた結果を適切に記録している。	①燃焼の仕組みについて，問題を見いだし，予想や仮説を基に，解決の方法を発想し，表現するなどして問題解決している。 ②燃焼の仕組みについて，観察，実験などを行い，物が燃えたときの空気の変化について，より妥当な考えをつくりだし，表現するなどして問題解決している。	①燃焼の仕組みについての事物・現象に進んで関わり，粘り強く，他者と関わりながら問題解決しようとしている。 ②燃焼の仕組みについて学んだことを学習や生活に生かそうとしている。

3　指導と評価の計画

時間	ねらい・学習活動	重点	記録	備考
1	○蓋をした大小2つの集気びんの中でろうそくが燃える様子を観察し，問題を見いだす。 問題：びんの中でろうそくが燃え続けるには，どのようにすればよいのだろうか。 ○ろうそくを燃やし続けるために必要なことは何かを予想し，話し合う。	思		**思考・判断・表現①/【発言分析・記述分析】** ・蓋をした大小2つの集気びんの中で燃焼するろうそくの様子から，問題を見いだし，予想や仮説を発想し，表現しているかを確認する。

	○自分の予想や仮説を基に，解決の方法を考える。			
2	○ろうそくを燃やし続ける方法を話し合い，実験計画を立てる。 ○線香の煙の動きを空気の動きと捉え，ろうそくが燃えているときに，底の粘土の隙間に線香の煙を近付けて，空気の動きを見る。 ○隙間の空け方を変えたときのろうそくの燃え方と空気の動きを線香の煙を使って確かめる。	態 知	○	主体的に学習に取り組む態度①/ 　　　　　　　　　【行動分析・発言分析】 知識・技能②/【行動観察・記録分析】
3	○実験結果を整理し，個人で考察する。 ○学級全体で話し合い，自分の考えを再度見直し，ノートに記述する。 結論：びんの中でろうそくを燃やし続けるには，空気が入れかわることが必要である。 ○空気はどのような気体かについて資料等で調べ，学習の振り返りをする。	思		思考・判断・表現②/ 　　　【行動観察・発言分析・記述分析】 ・ろうそくの燃焼について，観察，実験などを行い，ろうそくの燃焼と空気の動きとの関係について，より妥当な考えをつくりだし，表現しているかを確認する。
4	○前時の振り返りから，物を燃やす働きのある気体について問題を見いだす。 ○空気中のどの気体に物を燃やす働きがあるのかを予想し，話し合う。 ○実験計画を立て，実験する。	思	○	思考・判断・表現①/【発言分析・記述分析】 ・物を燃やす働きのある気体は何かを解決するための方法を発想し，表現しているかを評価する。
5	○実験結果を基に考察し，酸素には物を燃やす働きがあることについての結論を導きだす。 ○学習の振り返りをする。	思	○	思考・判断・表現②/【発言分析・記述分析】 ・燃焼の仕組みについて，観察，実験などを行い，物を燃やす働きのある気体について，より妥当な考えをつくりだし，表現しているかを評価する。
6	○蓋をした集気びんの中で，ろうそくの火が消える様子を観察し，物が燃えた後の空気の変化について問題を見いだす。 ○ろうそくの燃焼前後の空気の変化について予想し，話し合う。	思	○	思考・判断・表現①/【記述分析・発言分析】 ・燃焼の仕組みについて，問題を見いだし，表現しているかを評価する。
7	○ろうそくの燃焼前後の空気の変化について，実験計画を立て，気体検知管や気体センサー，石灰水を用いて調べ，結果	知	○	知識・技能②/【行動観察・記録分析】

	を記録する。			
8	○ろうそくの燃焼前後の空気の変化から，燃焼の仕組みについて考察する。 ○学習したことを基に，キャンプファイヤーの井桁の組み方について考える。	思	○	**思考・判断・表現②/【発言分析・記述分析】** ・燃焼の仕組みについて，観察，実験などを行い，物が燃えたときの空気の変化について，より妥当な考えをつくりだし，表現しているかを評価する。
9	○ろうそくの燃焼前後の空気の変化について，木や紙でも同じことが言えるのかを確かめる。 ○物が燃えたときの空気の変化についてまとめる。	態 知	○ ○	**主体的に学習に取り組む態度②/** **【行動観察・発言分析・記述分析】** **知識・技能①/【行動観察・記述分析】**

4　観点別学習状況の評価の進め方

　ここでは，「思考・判断・表現」の評価規準のうち，②についての事例を紹介する。

（1）評価規準　思考・判断・表現②（第3時）

　燃焼の仕組みについて，観察，実験などから得られた結果を基に考察する中で，物が燃えたときの空気の変化について，より妥当な考えをつくりだし，表現するなどして問題解決している。

（2）評価の方法と児童を見取る際の主なポイント

　ろうそくの燃焼と空気の動きについて，自分の予想と自ら行った実験の結果を照らし合わせたり，事実（条件と結果）と解釈（結果から考えられること）を整理して考察したりしているかを，実験中の様子や考察の際の行動観察，発言，記述分析などの方法で確認する。

児童を見取る際の主なポイント

○　予想や仮説の内容と観察，実験などの結果を照らし合わせているか。

・自分の予想や仮説と，ろうそくの火の様子や空気の動きを照らし合わせて考え，表現しているか。

○　観察，実験などの結果を基に，事実（条件と結果）と解釈（結果から考えられること）を分けて，自分の考えが説明できているか。

・線香の煙の動きを空気の動きと捉え，底なし集気びんの隙間の空け方と燃焼の様子から，びんの中でろうそくを燃やし続けるには，空気の入れ替えが必要であることを表現しているか。

（3）指導と評価の実際

①　児童を見取る際の主なポイントを踏まえた第3時の授業の概要

　第3時は，児童全員の「思考，判断，表現②」の学習状況を記録に残すのではなく，特徴的な児童の学習状況を確認し，児童の学習改善や教師の指導改善に生かす場面として位置付けた。このような場面においても，教師は児童を見取る際の主なポイントを踏まえ，どのような児童の姿を見取るのかを明確にしておくことが大切である。

　本時は，線香の煙を使って，ろうそくの燃え方と空気の動きを確かめた実験結果を基に，集気びんの中でろうそくを燃やし続けるために必要な条件について考える時間である。得られた結果を基に考察する中で，物が燃えたときの空気の変化について，より妥当な考えをつくりだすことをねらいとして授業を構想した。

考察する際は，自分の予想や仮説と，ろうそくの燃え方や空気の動き方との関係について照らし合わせる必要がある。そのため，第1時で予想や仮説を考える段階から，記述に時間がかかったり，「どこかに穴が開いていれば，ろうそくの火は消えない」という予想のように，実験結果が，予想どおりにならないと想定されたりする児童などを確認し，児童の学習改善や教師の指導改善に生かすようにした。

【第3時に至るまでの概要】

物が燃える様子をじっくりと観察した経験が乏しい児童が多かったため，蓋をした大小2つの集気びんの中でろうそくが燃える様子を比較しながらじっくりと観察することから学習を開始した。「だんだんと火が小さくなっていく」，「小さいびんのろうそくの火の方が，先に消えた」など，2つの事象を比較しながら，気付いたことを基に，「びんの中でろうそくを燃やし続けるには，どのようにすればよいのだろうか」という問題を設定した。だんだんと火が小さくなり消えてしまったこと，大きなびんの中だと，ろうそくの火

〈ろうそくの火を観察している児童〉

が長く燃え続けたことから，「空気が古くなってしまったのではないか」，「空気が汚れてしまったのではないか」，「新しい空気が必要なのではないか」，「新しい空気を入れないといけないのではないか」などの考えが出された。

大きいびんの方は少し長く燃えたけど，しばらくしたら消えた。

小さいびんの方が先に消えた。

新しい空気が必要なのではないかな。

中の空気が古くなったのではないかな。

〈提示した大小2つの集気びんの中で燃えるろうそく〉

第2時では，「びんの中でろうそくを燃やし続けるには，新しい空気が必要なのではないか」という前時の考えを基に，ろうそくを燃やし続ける方法について話し合った。新しい空気を入れるためには，空気の入り口を作ることが必要なため，火のついたろうそくを粘土に立て，底なし集気びんをかぶせることとし，以下のような方法で確かめることになった。

①	粘土にそのまま底なし集気びんをかぶせ，蓋をしない。
②	粘土に隙間を作って下から空気が入るようにし，底なし集気びんをかぶせ，蓋をする。
③	粘土に隙間を作って下から空気が入るようにし，底なし集気びんをかぶせ，蓋をしない。

これらを基に，空気の動きを線香の煙の動きと捉え，ろうそくの燃える様子と関係付けながら調べることとし，各自が燃え続けると考える方法で実験を行った。また，反対に消えてしまうと考えられる方法でも調べてよいこととした。

【本時の概要】

　前時では，線香の煙を使ってろうそくの燃え方と空気の動きを確かめた結果を基に，集気びんの中でろうそくが燃え続けるために必要な条件について考えた。自分の予想や結果の見通しを振り返ることができるようにするために，児童が考えた結果の見通しを黒板に示し，自分の番号カードを貼るようにした。このことにより，自分の考えの変容の確認や他者の考えとの比較ができるようにした。

　本時は，前時で黒板に明確にした児童一人一人の結果の見通しを基に，実験結果が予想と異なった場合には，予想や実験方法を見直した後，再度実験できる時間を設けた。また，他のグループと異なる実験結果になった場合も，再度実験しながら確かめてもよいこととした。さらに，実験結果を基に個人で考察した後，学級全体で話し合い，他の結果や考察を参考にしながら，再度個人で考察をノートに記述する時間を位置付けた。教師は，実験や考察の際の児童の言動などを確認し，指導や助言を行うことで，多面的に考え，より妥当な考えをつくりだすことができるよう支援した。

第3編
事例3

> 自分の立場を明確にするために，児童が考えた結果の見通しを黒板に示し，常に振り返ることができるようにする

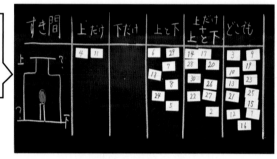

〈実験計画の方法を示した板書〉

② 実際の児童の姿

ア　特徴的な児童の学習状況を確認した例（A児）

A児の特徴
・事前の学力に関する調査で，根拠のある予想や仮説を発想したり，得られた実験結果から考察したりすることに課題があった。
・前時までに，根拠のある予想や仮説を発想することに時間がかかった。記述では，学級の意見を参考にしていた。

【前時までの学習状況】

　児童の学習状況を把握するために，学力調査等の結果を用いることも有効である。そこで，児童の実態把握のために，第5学年の際に行った学力に関する調査を活用することとした。

　A児は，調査において，根拠のある予想や仮説を発想したり，得られた実験結果から考察したりすることに課題があった。

　第1時では，予想を発想することに時間がかかったため，ろうそくの火が燃え続けている様子と大小2つの集気びんの中でろうそくの火が消えていく様子を想起できるようにした。何に戸惑いを感じているのかを聞きながら，既習の内容や生活経験，活動のきっかけとなるよう行った共通体験を思い起こすよう助言し，その後，学級内の意見を参考にしながら，自分の考えを記述するよう促した。第6学年の初期の段階で学習する本単元において，より妥当な考えをつくりだすためには，まずは自分の考えを明確にもつことが大切である。そのため，A児の学習状況を確認しながら支援していくこととした。

【本時における教師の指導と児童の変容】

　明確な予想を発想できていないＡ児に対しては，実験中にろうそくの火の様子と煙の動きに着目するよう助言した。また，考察を行う際には，自分のノートの記録のうち，どの部分が事実(条件と結果)にあたるのかを明確にしたり，予想や仮説に立ち返ったりするよう助言した。

　実験中，Ａ児はろうそくの火が燃えたり，消えたりすることにのみ着目し，線香の煙の動きについて，観察できていない様子であった。再度，煙の動きに着目するよう助言したが，結果の記録には，

〈線香の煙で空気の動きをみる実験〉

線香の煙の動きについての記述がなされていなかった。

　そこで，黒板に書かれてある，他のグループの結果を見るよう助言した。しかし，他のグループの結果を見た後でも，ろうそくの火が燃え続けたときの結果の記述のみで，ろうそくの燃え方と空気の動きとを関係付けることができていなかった。また，問題に正対した考えが記述できていなかったため指導を要する状況にあると確認した。

> 予想や仮説と観察，実験などの結果を照らし合わせている

> 実験結果を基に，事実（条件と結果）は記述されているが，解釈（結果から考えられること）が記述されていない

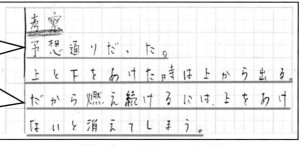

〈第３時：Ａ児のノート記述〉

　その後，Ａ児には実験結果を基に，事実と解釈の両方を表現できるようにするために，「どのような実験をしたとき，どのような結果になったのか」，「そこから，何が分かるのか」について，記述するよう指導した。その際に，黒板に示された学級全体の結果を見て，問題解決の過程を振り返るよう促した。また，個別に，線香の煙が空気の動きを示していることに気付くよう促しながら，再度びんの中でろうそくを燃やし，燃える様子から空気の動きについて考える場をもつようにした。

　その結果，燃え続けるためには，空気が出入りするという事実を捉え，その事実から燃え続けるためには，新しい空気が必要であることに気付くことができた。Ａ児の学習改善を行うためには，継続してより妥当な考えをつくりだすことができるよう指導していく必要があるため，次の問題解決の過程でも同様の指導を行った。その後の第5時において，物を燃やす働きがある気体を調べる学習では，実験結果から自分の考えを表現することができていた。

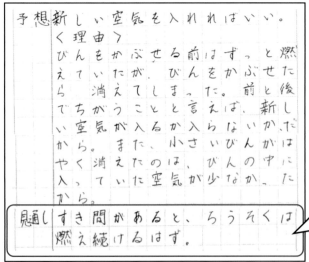

〈第5時：A児のノート記述〉

> 実験結果を基に，事実（条件と結果）と解釈（結果から考えられること）を分けて，自分の考えを説明することができている

イ　特徴的な児童の学習状況を確認した例（B児）

B児の特徴
・得られた結果を基に考察する際，自己の結果のみで判断してしまい，より妥当な考えをつくりだすことができていない。

【前時までの学習状況】

　　根拠のある予想や仮説を考える段階で，学習のねらいを達成できている児童は多かった。しかし，第2時において，自分の結果の見通しを黒板に表現するようにしたところ，穴を開ける位置までは考えていない児童がいた。ここでは，配慮や支援が必要な児童だけではなく，学習のねらいが達成できている児童も考えを深め，より妥当な考えをつくりだすことができるようにしたいと考えた。

　　B児は，学習のねらいは達成できている状況であるが，さらに考えを深めるようにすることで，より妥当な考えをつくりだす力を育てたいと考え，教師からの言葉掛けが必要であると考えた。

　　第2時において，B児はどこに隙間を作っても新しい空気が入ってきて，ろうそくの火が燃え続けると考えていたため，実験結果が予想とは異なることが想定された。そこで，他のグループの結果を参考にするよう促すことで，複数の側面から思考し，より妥当な考えをつくりだすことができるようにしたいと考えた。

> どこに隙間を作っても新しい空気が入ってくると考えており，実験結果が予想とは異なることが想定される

〈実験前のB児の考え〉

【本時における教師の指導】

　実験結果が予想とは異なることが想定されるＢ児については，実験結果が得られた際，予想と結果を照らし合わせて考えているかどうかを見取り，助言した。また，複数の事実を基に解釈し，表現できるようにするために，何回実験しても同じような結果になっているかどうかを考えるよう促したり，他者の結果や考えと比べたりするよう指導した。さらに，他者が獲得した事実や解釈が明確になるようにするため，複数の結果を共有できる方法として，一覧表にしたり，記号などを用いて傾向が分かるようにしたりするなど工夫し，全体を見ながら問題解決を行い，自分の考えをもつことができるようにした。

【本時における児童の変容】

　Ｂ児のグループでは，底なし集気びんの下の粘土と上の蓋を少しだけ空けて調べた結果，ろうそくの火はすぐには消えず，しばらくしてからゆっくり消えていくことに気付いた。グループ内で「入り口が狭いため空気が入っていかないのではないか」という考えになり，上の隙間を広くして再度実験を行っていた。そこで，教師は「燃えるときと消えるとき，穴の位置や空気の動きに違いがあるのか」と問い，空気の入り口に着目していたＢ児たちに対して，空気の出口について考えるよう促し，自分や友達の予想に立ち返ったり，事実を基にして考察したりすることが大切であることを指導した。その後は，複数回実験したり，他のグループの実験結果を基に考察したりする姿が見られた。

　学級全体での意見交流において，Ｂ児は，ろうそくの火が燃え続けたときの隙間の空け方に着目し，「あたたかい空気は，上に行くから，いつも集気びんの上に隙間をつくらなければいけない」という発言をした。また，Ｂ児のノートには，自分の問題解決を振り返り，実験結果を基に事実（条件と結果）と解釈（結果から考えられること）の両方を示しながら，「ろうそくを燃え続けさせるには古い空気を出し，新しい空気を入れればよい」という自分の考えが記述されていた。

　また，ろうそくの火が消えてしまう場合についても記述されていた。

　第３時において，Ｂ児は複数回実験したり，他者の結果や考えと比べたりするなど，学習の改善が図られていることを確認した。今後も，より妥当な考えをつくりだすことができるよう継続して支援していくとともに，本時で確認したことを第５時の評価へ活用していくこととした。

予想や仮説と観察，実験などの結果を照らし合わせている

観察，実験などの結果を基に，事実（条件と結果）と解釈（結果から考えられること）を分けて，自分の考えを説明することができている

予想と違う結果になった。凸たを上だけあけた時火は燃え続け，けむりは上から入り上から出ていった。下にすきまをつくると，火は消えてしまった。けむりは，入っていかなかった。両方あけると火は燃え続けた。けむりは下から入り，上から出ていった。だからろうそくを燃え続けさせるには，古い空気を出し，新しい空気を入れればよい。

〈第３時：Ｂ児のノート記述〉

理科　　事例4

キーワード　「主体的に学習に取り組む態度」の評価（単元を越えた長期的な視点での評価）

単元名	内容のまとまり
動物の誕生	第5学年B　⑴「植物の発芽，成長，結実」，⑵「動物の誕生」

1　単元の目標

　魚を育てたり人の発生についての資料を活用したりする中で，卵や胎児の様子に着目して，時間の経過と関係付けて，動物の発生や成長を調べる活動を通して，それらについての理解を図り，観察，実験などに関する技能を身に付けるとともに，主に予想や仮説を基に，解決の方法を発想する力や生命を尊重する態度，主体的に問題解決しようとする態度を育成する。

2　単元の評価規準

（1）本単元の評価規準

知識・技能	思考・判断・表現	主体的に学習に取り組む態度
①魚には雌雄があり，生まれた卵は日がたつにつれて中の様子が変化してかえることを理解している。 ②人は，母体内で成長して生まれることを理解している。 ③動物の発生や成長について，観察，実験などの目的に応じて，器具や機器などを選択し，正しく扱いながら調べ，それらの過程や得られた結果を適切に記録している。	①動物の発生や成長について，予想や仮説を基に，解決の方法を発想し，表現するなどして問題解決している。 ②動物の発生や成長について，観察，実験などから得られた結果を基に考察し，表現するなどして問題解決している。	①動物の発生や成長についての事物・現象に進んで関わり，粘り強く，他者と関わりながら問題解決しようとしている。 ②動物の発生や成長について学んだことを学習や生活に生かそうとしている。

（2）つながりのある単元（「植物の発芽，成長，結実」）の評価規準

知識・技能	思考・判断・表現	主体的に学習に取り組む態度
①植物は，種子の中の養分を基にして発芽することを理解している。 ②植物の発芽には，水，空気及び温度が関係していることを理解している。 ③植物の成長には，日光や肥料などが関係していることを	①植物の育ち方について，予想や仮説を基に，解決の方法を発想し，表現するなどして問題解決している。 ②植物の育ち方について，観察，実験などから得られた結果を基に考察し，表現するなどして問題解決している。	①植物の育ち方についての事物・現象に進んで関わり，粘り強く，他者と関わりながら問題解決しようとしている。 ②植物の育ち方について学んだことを学習や生活に生かそうとしている。

理解している。

④花にはおしべやめしべなど
　があり，花粉がめしべの先に
　付くとめしべのもとが実に
　なり，実の中に種子ができる
　ことを理解している。

⑤植物の育ち方について，観
　察，実験などの目的に応じ
　て，器具や機器などを選択
　し，正しく扱いながら調べ，
　それらの過程や得られた結
　果を適切に記録している。

3　指導と評価の計画

（1）本単元の指導と評価の計画

時間	ねらい・学習活動	重点	記録	備考
1	○学校ビオトープに行き，そこにいる生き物を観察する。	知		**知識・技能①/【行動観察・発言分析】**
2	○教室でメダカを飼育するために解決したいことについて話し合う。	思		**思考・判断・表現①/【発言分析】**
3	○メダカが卵を産む環境をつくるために，雌雄の見分け方について問題を見いだし，資料を基にメダカの雌雄の違いを調べ，まとめる。	知		**知識・技能①/【行動観察・記述分析】**
4	○前時の学習を振り返り，メダカの雄と雌を選び取り，飼育用の水槽に入れる。 ○メダカを飼育するための水槽内の環境について調べ，飼育準備を整える。	態	○	**主体的に学習に取り組む態度②/** **【行動観察・記述分析】** ・魚の発生について学んだことを学習や生活に生かそうとしているかを評価する。
5	○各グループで育てているメダカが産んだ卵の様子を比較し，その違いから問題を見いだす。 問題：メダカの卵は，どのように成長するのだろうか。 ○卵内の成長過程について予想し，解決方法を考える。	思	○	**思考・判断・表現①/** **【発言分析・記述分析】**
6	○実体顕微鏡の使い方を確認する。 ○自分のグループの卵の特徴について観察し，記録する。	知	○	**知識・技能③/【行動分析・記録分析】**

時間	ねらい・学習活動	重点	記録	備考
7	○前時の学習を振り返り，解決する問題を確認する。 ○予想した成長過程を振り返りながら，自分が観察している卵が，前回と比べてどのような変化をしているかについて考える。 ○自分の卵と他のグループの卵やインゲンマメの成長とを比較しながら，その特徴について観察し，記録する。	態	○	**主体的に学習に取り組む態度①/** **【行動観察・記述分析】** ・魚の成長についての事物・現象に進んで関わり，粘り強く，他者と関わり，自分の考えを見直しながら，問題解決しようとしているかを評価する。
8	○これまでの観察記録を基に，メダカの卵の成長過程について考察し，結論を導きだす。 結論：メダカの卵の中では，目や心ぞうができるなど，様子が変化している。	思	○	**思考・判断・表現②/** **【発言分析・記述分析】**
9	○これまでの学習を振り返り，植物とメダカの成長過程についての差異点や共通点について考える。	知 態	○ ○	**知識・技能①/【発言分析・記述分析】** **主体的に学習に取り組む態度②/** **【発言分析・記述分析】** ・植物や魚の成長について学んだことを，学習や生活に生かそうとしているかを評価する。

※「人の誕生」についての単元計画は，省略した。

（2）つながりのある単元（「植物の発芽，成長，結実」）の指導と評価の計画

時間	ねらい・学習活動	重点	記録	備考
1・2	○学校ビオトープの花壇や畑から，既にホウセンカやヘチマの芽が出ている理由を話し合う。 ○これまで育てたことのある植物を発芽させるための方法について考える。	思		**思考・判断・表現①/** **【発言分析・記述分析】**
3	○発芽の条件を調べる実験の準備を行い，実験をする。	知	○	**知識・技能⑤/【行動観察・記録分析】**
4	○実験結果を整理し，発芽するために必要なことをまとめる。 ○学習を振り返り，次時を見通す。	態		**主体的に学習に取り組む態度①/** **【発言分析・記述分析】** ・植物の発芽条件についての事物・現象に進んで関わり，粘り強く，他者と関わりながら問題解決しようとしているかを確認する。
5・6	○植物の発芽条件を調べるための実験方法を見直し，再実験を行う。	思	○	**思考・判断・表現①/** **【発言分析・記述分析】**
7	○実験結果を整理し，発芽するために必要な条件	知		**知識・技能②/【記述分析】**

	をまとめる。			
8	○インゲンマメの子葉が変化した理由について話し合い，実験方法を考える。	思		思考・判断・表現①/ 【発言分析・記述分析】
9	○実験を行い，子葉が変化した理由をまとめる。	知	○	知識・技能①/【発言分析・記述分析】
10 ・ 11	○インゲンマメをより大きく成長させるために必要な条件について話し合い，実験方法を考え，実験準備を行う。	思		思考・判断・表現①/【記述分析】
12	○実験結果を整理し，成長するために必要な条件をまとめる。	思	○	思考・判断・表現②/ 【発言分析・記述分析】
		態	○	主体的に学習に取り組む態度②/ 【発言分析・記述分析】 ・植物の育ち方について学んだことを，学習や生活に生かそうとしているかを評価する。
13	○これまでの学習を振り返り，植物の発芽や成長について分かったことや疑問に思ったことをまとめる。	知	○	知識・技能③/【発言分析・記述分析】

※「植物の結実」についての単元計画は，省略した。

（3）長期的な視点で指導（評価）を行う際の留意点

「主体的に学習に取り組む態度」の育成においては，児童一人一人が自然の事物・現象に継続的に関わることが非常に重要である。そのため，授業内外において，児童一人一人の行動の意図を問うたり，価値付けしたりしながら，児童が自らの学習状況や自分の成長に気付くことができるようにすることが大切である。そこで，授業内外で見られた児童の姿や発言等を累積・整理し，長期的な視点で指導（評価）できるようにする方法として，次のような例を挙げる。

《児童名簿に学習状況を記録する》

毎時間設定する評価規準に即して，児童一人一人の学習状況を，児童名簿に記録する。例えば，次頁に示した表の第1時～3時のように，特徴的な児童の学習状況を確認して，児童の学習改善や教師の指導改善に生かす場面であれば，学習のねらいを十分達成できている児童には○，指導を要すると確認した児童には△を付けておき，必要に応じて児童の様子や次時以降に必要と考えられる教師の支援の記録を残しておく。そして，単元における，観点ごとの総括的評価を行う際の参考資料とする。また，第4，6，7時のように，児童全員の学習状況を記録に残す場面であれば，「十分満足できる」児童にはA，「おおむね満足できる」児童にはB，「努力を要する」児童にはCを付けておく。その際も，児童の様子を記録しておく。このような累積・整理を基に，単元や学期末の総括的評価を行うようにする。このことにより，児童の学習評価はもちろんのこと，教師の指導改善や支援が必要な児童に対する手立ての検討等にも役立つと考える。

【児童の姿の累積・整理の工夫例（「魚の誕生」を例に）】

番号	氏　名	5／13 第1時 知・技	5／15 第2時 思	5／20 第3時 知・技	5／24 第4時 態	5／30 第5時 思	6／4 第6時 知・技	6／11 第7時 態
1			○		B	A	B	A（他者）
2			○		A（ノート）	B	A（意味○）	A（修正）
3			○	△（視点）	B	A	B	B

> メダカの雌雄を見分けられていなかったため，教師が視点を明確にする働きかけを行ったことの記録

> 前時の学習で習得した雌雄を見分けるポイントを確かめ，ノートと照らし合わせながら雌雄を選択していた状況の記録

4　観点別学習状況の評価の進め方

ここでは，「主体的に学習に取り組む態度」の評価規準のうち，①についての事例を紹介する。

（1）評価規準　主体的に学習に取り組む態度①

魚の発生や成長についての事物・現象に進んで関わり，粘り強く，他者と関わりながら問題解決しようとしている。

（2）評価の方法と児童を見取る際の主なポイント

メダカの発生や成長の様子を観察する活動の中で，メダカに進んで関わり，粘り強く，他者と関わりながら問題解決しようとしているかを，行動観察や記述分析などの方法で評価する。

> 児童を見取る際の主なポイント
>
> ○　自然の事物・現象に進んで関わろうとしているか。
> ・自分が育てているメダカや卵の様子を継続観察する中で，日々の変化に喜びを感じたり，必要な世話をしたりしながら，愛着をもってメダカや卵に関わろうとしているか。
> ○　自然の事物・現象についての問題を，粘り強く解決しようとしているか。
> ・メダカの卵の様子を，実体顕微鏡等を用いて継続観察し，その変化を記録したり，友達のメダカの卵の様子と比較したりしながら，卵の成長過程の特徴を捉えようとしているか。
> ○　他者と関わる中で，自分の考えを見直そうとしながら問題解決しようとしているか。
> ・メダカの卵の成長過程について，学習前や予想の段階での自分の考えや方法を振り返り，観察結果や友達との交流を基に見直そうとしているか。

（3）指導と評価の実際

「植物の発芽，成長，結実」（つながりのある単元）

①　児童を見取る際の主なポイントを踏まえた第4時の授業の概要

第4時は，児童全員の学習状況を記録に残すのではなく，特徴的な児童の学習状況を確認し，児童の学習改善や教師の指導改善に生かす場面として位置付けた。児童は，学校ビオトープの花壇や

畑で，花や野菜を育て，学校ビオトープを充実させたいという思いをもった。そこで，植物が発芽するために必要な条件を調べるために，これまで栽培経験のあるアサガオ，トマト，ホウセンカ，ヘチマなどの植物から2種類を選び，各グループが考えた方法で実験を始めた。

　本時は，それによって得られた実験結果を整理し，それぞれの植物が発芽するために必要である条件について考察するものの，各グループで育てている植物の種類や育て方が異なるため，結論を導きだすことができず，改善策を考えようとする時間である。

②　実際の児童の姿
ア　特徴的な児童の学習状況を確認した例（A児）
【学習状況の確認場面】

　A児には，授業で発芽の様子を観察する際，他のグループの友達と発芽の様子を確認するなど，他者と関わりながら問題を解決しようとする姿が見られた。また，結論を導きだすことができず，改善策を考える際には，実験方法の問題点について友達と話し合いながら，実験方法を見直そうとしていた。このようにA児は，植物の発芽について友達と関わりながら，問題を解決しようとしていることが分かる。しかし，水やりなどの世話をグループの友達に依頼することも多く，実験中の植物の日光のあたり具合や水の状態などを自分で把握することについては，不十分な状況であると確認した。

【教師の指導】

　第4時におけるA児の姿から，A児が日々少しずつ変化していく植物をはじめとした生物の成長過程を継続的に観察することを通して，より多くの事実を得ることにより，生物の成長についてのより妥当な考えをつくりだそうとすることができるようにしていきたいと考えた。また，その際，植物や動物の成長過程を固有のものとして捉えるのではなく，共通性・多様性という視点で捉えながら，生物を観察し続けたり，成長の特徴を理解したりする姿を求めていきたいと考えた。

　教師は，「植物の発芽，成長，結実」の単元だけでなく，「動物の誕生」の単元も含めた長期的な視点で指導を行う中で，A児に対して助言したり，価値付けたりしていくことにした。その際，次の2点をポイントとして指導を行った。

○　児童が目的をもち，自然の事物・現象とより一層関わることができるよう，観察の視点や方法を明確にすること。

○　児童が自分の考えを見直しながら学習を進めたり，継続的に観察したりすることのよさに気付くことができるよう，適切な助言や価値付けを行うこと。

「魚の誕生」

①　児童を見取る際の主なポイントを踏まえた第7時の授業の概要
【第7時に至るまでの概要】

　植物（インゲンマメ）の成長条件を調べながら「魚の誕生」の学習に入った。学校ビオトープのメダカを増やすことを目的として，グループごとに水槽の環境を整え，メダカを教室に移して飼育した。メダカの卵が産まれたら，グループで手分けして管理することができるよう，児童にフィルムケースや透明カップを用意したり，児童一人一人が自分の観察カードを累積できる「メダカの卵アルバム」を教室に置いたりするなどの観察の方法を示し，授業内だけでなく，授業外でも観察や記録ができるようにした。

各グループのメダカが卵を産み始めたことをきっかけに，「魚の誕生」の第5時では，メダカの卵がどのような成長過程で孵化するかについて予想した。児童は，これまでの動物の飼育経験や，インゲンマメの栽培で獲得した知識などを基に，「インゲンマメも子葉の養分で大きくなったから，メダカの卵の中にも，メダカが成長するための栄養があるはずだよ」などと，自分なりの予想をもつことができた。

　A児は，自分のグループのメダカが初めて産んだ卵を管理する役割を担い，休み時間などの授業外の時間に，自分が管理している卵を観察し続けていた。教師は，継続的に観察を続けるA児を見取った。やがてA児は卵に変化があると，教師や友達に卵の様子について報告するようになった。また，友達が卵の中で子メダカが動く様子や孵化する瞬間などを観察することができたという事実を知ると，A児は「わたしも見てみたい」と，より頻繁に自分が管理している卵の観察を行い，カードに記録する姿が見られたので，教師はA児の学習への取り組み方を価値付けた。

　このように，教師や周囲の児童と卵の成長の様子について対話が生まれることで，A児は自分が観察している卵を継続的に観察していく必要感をもったり，友達と情報交換をすると新たな視点を得られたことを感じたりしている様子であった。

〈休み時間も卵の変化を観察するA児〉

【第7時の概要】

　第7時は，児童全員の「主体的に学習に取り組む態度①」の学習状況を記録に残す場面として位置付けた。本時は，前時（第6時）に引き続き，児童一人一人が飼育しているメダカの卵の様子について，実体顕微鏡を用いて観察したり，友達と観察結果の交流をしたりしながら，卵に見られる変化を確認する中で，卵の成長過程を予想したときの自分の考えを振り返り，見直そうとする時間である。

② 実際の児童の姿

ア 「十分満足できる」状況と評価した例（A児）

【本時における教師の指導】

　A児がメダカの卵に進んで関わりながら，成長過程を追究することができるよう，教師はA児の主体的に学習に取り組む姿を長期的に見取ってきた。そして，A児をはじめとした児童一人一人がメダカの卵の観察を通して，その成長過程に対しての自分の考えを整理したり，修正したりすることができるよう，前時までの卵の様子との違いに着目して観察するよう言葉掛けしたり，予想した第4時の板書を見ることができるようにしたりした。

〈友達と共に考えを見直すA児〉

【学習状況の評価場面】

　観察を進める中でA児は，「思っていたのとちょっと違う」とつぶやいた。「どこが違うの」という友達からの質

間に，「目が先にできているよ。みんなの予想と違うよね」と言い，モニターに映った板書を見ながら友達と「わたしの卵，今この写真に近いな。わたしの予想，ここが違っていたかも」と話し，自分の考えを修正していた。このA児の発言や姿から，メダカの成長過程に対してより妥当な考えをつくりだすために，友達と話し合ったことやこれまで継続的に観察して得られた複数の結果を基に，自分の考えを振り返り，修正していることが伺えた。

本時の終末，学習で感じたことや問題解決の過程における自分や友達の学び方のよさ，疑問に思ったことなどを振り返る場面において，A児は次のような記述をしていた。

この記述から，A児はメダカの卵の成長の様子を継続的に観察することで，多くの発見があることに気付き，継続的に観察することのよさを感じるとともに，それを植物（インゲンマメ）の成長の観察にも生かそうとしていることが分かる。これらのA児の態度やノート記述から，「十分満足できる」と評価した。

> メダカの卵をず，と観察していると，少しずつ変化があ，てとてもおもしろいです。たくさん観察すること，て大切だと感じました。インゲンマメも同じように少しずつ変化していると思，たので，これからはちゃんと観察して，どんなふうに大きくなるかを見たいです。

〈A児のノート記述〉

【A児の変容】

植物の発芽条件を調べる際には，授業内だけの観察にとどまっていたA児であったが，「魚の誕生」の学習の中で，対象を継続的に観察することのよさを感じたことにより，メダカの卵やインゲンマメがどのように成長するかを見通し，その過程を丁寧に捉えていこうと，粘り強く，友達と共に観察し続けるようになっていった。

〈休み時間も観察を続けるA児〉

○「命のバトンをつなぐところは同じだ」

本事例では，単元を越えた長期的な視点で学習を行うことで，A児のみならず，インゲンマメもメダカも同じように「生きている」ことに気付き，生命を尊重する態度が育成され，生物を大切にしていこうとする姿が多く見られるようになった。教師は，このような姿のよさを見取っていくことで，教科の目標に示した「学びに向かう力，人間性等」を涵養していくことが大切である。

> メダカも植物も，養分のもらい方，うまれるまでの時間，いろいろちがうところはあるけれど，最後に次の子どもたちに命のバトンをつなぐところは同じだと思った。植物，メダカ，いろいろ調べていくと，接点がたくさんでてきます。理科は，そんな思いにさせてくれます。この授業をやってよかったです。
>
> 「命のバトン」という表現が，とてもすてきですね。植物やメダカの同じところやちがうところを見つけ，それらに対して感動できる気持ちをこれからも大切にしていこう。

〈授業終末に書いた児童の振り返りの記述〉

巻末資料

小学校理科における「内容のまとまりごとの評価規準（例）」

Ⅰ　第3学年

1　第3学年の目標と評価の観点及びその趣旨

	（1）	（2）	（3）
目標	物の性質，風とゴムの力の働き，光と音の性質，磁石の性質及び電気の回路についての理解を図り，観察，実験などに関する基本的な技能を身に付けるようにする。	物の性質，風とゴムの力の働き，光と音の性質，磁石の性質及び電気の回路について追究する中で，主に差異点や共通点を基に，問題を見いだす力を養う。	物の性質，風とゴムの力の働き，光と音の性質，磁石の性質及び電気の回路について追究する中で，主体的に問題解決しようとする態度を養う。
	身の回りの生物，太陽と地面の様子についての理解を図り，観察，実験などに関する基本的な技能を身に付けるようにする。	身の回りの生物，太陽と地面の様子について追究する中で，主に差異点や共通点を基に，問題を見いだす力を養う。	身の回りの生物，太陽と地面の様子について追究する中で，生物を愛護する態度や主体的に問題解決しようとする態度を養う。

（小学校学習指導要領 P.94）

観点	知識・技能	思考・判断・表現	主体的に学習に取り組む態度
趣旨	物の性質，風とゴムの力の働き，光と音の性質，磁石の性質，電気の回路，身の回りの生物及び太陽と地面の様子について理解しているとともに，器具や機器などを正しく扱いながら調べ，それらの過程や得られた結果を分かりやすく記録している。	物の性質，風とゴムの力の働き，光と音の性質，磁石の性質，電気の回路，身の回りの生物及び太陽と地面の様子について，観察，実験などを行い，主に差異点や共通点を基に，問題を見いだし，表現するなどして問題解決している。	物の性質，風とゴムの力の働き，光と音の性質，磁石の性質，電気の回路，身の回りの生物及び太陽と地面の様子についての事物・現象に進んで関わり，他者と関わりながら問題解決しようとしているとともに，学んだことを学習や生活に生かそうとしている。

（改善等通知　別紙4　P.11）

2　内容のまとまりごとの評価規準（例）

A（1）「物と重さ」

知識・技能	思考・判断・表現	主体的に学習に取り組む態度
・物は，形が変わっても重さは変わらないことを理解している。 ・物は，体積が同じでも重さは違うことがあることを理解して	・物の形や体積と重さとの関係について追究する中で，差異点や共通点を基に，物の性質についての問題を見いだし，表現している。	・物の性質についての事物・現象に進んで関わり，他者と関わりながら問題解決しようとしているとともに，学んだことを学習や生活に生かそうとし

巻末資料

知識・技能	思考・判断・表現	主体的に学習に取り組む態度
いる。 ・観察, 実験などに関する技能を身に付けている。		ている。

A (2)「風とゴムの力の働き」

知識・技能	思考・判断・表現	主体的に学習に取り組む態度
・風の力は, 物を動かすことができること, また, 風の力の大きさを変えると, 物が動く様子も変わることを理解している。 ・ゴムの力は, 物を動かすことができること, また, ゴムの力の大きさを変えると, 物が動く様子も変わることを理解している。 ・観察, 実験などに関する技能を身に付けている。	・風とゴムの力で物が動く様子について追究する中で, 差異点や共通点を基に, 風とゴムの力の働きについての問題を見いだし, 表現している。	・風とゴムの力の働きについての事物・現象に進んで関わり, 他者と関わりながら問題解決しようとしているとともに, 学んだことを学習や生活に生かそうとしている。

A (3)「光と音の性質」

知識・技能	思考・判断・表現	主体的に学習に取り組む態度
・日光は直進し, 集めたり反射させたりできることを理解している。 ・物に日光を当てると, 物の明るさや暖かさが変わることを理解している。 ・物から音が出たり伝わったりするとき, 物は震えていること, また, 音の大きさが変わるとき物の震え方が変わることを理解している。 ・観察, 実験などに関する技能を身に付けている。	・光を当てたときの明るさや暖かさの様子, 音を出したときの震え方の様子について追究する中で, 差異点や共通点を基に, 光と音の性質についての問題を見いだし, 表現している。	・光と音の性質についての事物・現象に進んで関わり, 他者と関わりながら問題解決しようとしているとともに, 学んだことを学習や生活に生かそうとしている。

A (4)「磁石の性質」

知識・技能	思考・判断・表現	主体的に学習に取り組む態度
・磁石に引き付けられる物と引	・磁石を身の回りの物に近付け	・磁石の性質についての事物・現

巻末資料

知識・技能	思考・判断・表現	主体的に学習に取り組む態度
き付けられない物があること，また，磁石に近付けると磁石になる物があることを理解している。 ・磁石の異極は引き合い，同極は退け合うことを理解している。 ・観察，実験などに関する技能を身に付けている。	たときの様子について追究する中で，差異点や共通点を基に，磁石の性質についての問題を見いだし，表現している。	象に進んで関わり，他者と関わりながら問題解決しようとしているとともに，学んだことを学習や生活に生かそうとしている。

A （5）「電気の通り道」

知識・技能	思考・判断・表現	主体的に学習に取り組む態度
・電気を通すつなぎ方と通さないつなぎ方があることを理解している。 ・電気を通す物と通さない物があることを理解している。 ・観察，実験などに関する技能を身に付けている。	・乾電池と豆電球などのつなぎ方と乾電池につないだ物の様子について追究する中で，差異点や共通点を基に，電気の回路についての問題を見いだし，表現している。	・電気の回路についての事物・現象に進んで関わり，他者と関わりながら問題解決しようとしているとともに，学んだことを学習や生活に生かそうとしている。

B （1）「身の回りの生物」

知識・技能	思考・判断・表現	主体的に学習に取り組む態度
・生物は，色，形，大きさなど，姿に違いがあること，また，周辺の環境と関わって生きていることを理解している。 ・昆虫の育ち方には一定の順序があること，また，成虫の体は頭，胸及び腹からできていることを理解している。 ・植物の育ち方には一定の順序があること，また，その体は根，茎及び葉からできていることを理解している。 ・観察，実験などに関する技能を身に付けている。	・身の回りの生物の様子について追究する中で，差異点や共通点を基に，身の回りの生物と環境との関わり，昆虫や植物の成長のきまりや体のつくりについての問題を見いだし，表現している。	・身の回りの生物についての事物・現象に進んで関わり，他者と関わりながら問題解決しようとしているとともに，学んだことを学習や生活に生かそうとしている。

B （2）「太陽と地面の様子」

知識・技能	思考・判断・表現	主体的に学習に取り組む態度
・日陰は太陽の光を遮るとでき，日陰の位置は太陽の位置の変化によって変わることを理解している。 ・地面は太陽によって暖められ，日なたと日陰では地面の暖かさや湿り気に違いがあることを理解している。 ・観察，実験などに関する技能を身に付けている。	・日なたと日陰の様子について追究する中で，差異点や共通点を基に，太陽と地面の様子との関係についての問題を見いだし，表現している。	・太陽と地面の様子についての事物・現象に進んで関わり，他者と関わりながら問題解決しようとしているとともに，学んだことを学習や生活に生かそうとしている。

Ⅱ　第4学年
1　第4学年の目標と評価の観点及びその趣旨

	（1）	（2）	（3）
目標	空気，水及び金属の性質，電流の働きについての理解を図り，観察，実験などに関する基本的な技能を身に付けるようにする。	空気，水及び金属の性質，電流の働きについて追究する中で，主に既習の内容や生活経験を基に，根拠のある予想や仮説を発想する力を養う。	空気，水及び金属の性質，電流の働きについて追究する中で，主体的に問題解決しようとする態度を養う。
	人の体のつくりと運動，動物の活動や植物の成長と環境との関わり，雨水の行方と地面の様子，気象現象，月や星についての理解を図り，観察，実験などに関する基本的な技能を身に付けるようにする。	人の体のつくりと運動，動物の活動や植物の成長と環境との関わり，雨水の行方と地面の様子，気象現象，月や星について追究する中で，主に既習の内容や生活経験を基に，根拠のある予想や仮説を発想する力を養う。	人の体のつくりと運動，動物の活動や植物の成長と環境との関わり，雨水の行方と地面の様子，気象現象，月や星について追究する中で，生物を愛護する態度や主体的に問題解決しようとする態度を養う。

（小学校学習指導要領 P.98）

観点	知識・技能	思考・判断・表現	主体的に学習に取り組む態度
趣旨	空気，水及び金属の性質，電流の働き，人の体のつくりと運動，動物の活動や植物の成長と環境との関わり，雨水の行方と地面の様子，気象現象及び月や	空気，水及び金属の性質，電流の働き，人の体のつくりと運動，動物の活動や植物の成長と環境との関わり，雨水の行方と地面の様子，気象現象及び月や	空気，水及び金属の性質，電流の働き，人の体のつくりと運動，動物の活動や植物の成長と環境との関わり，雨水の行方と地面の様子，気象現象及び月や

巻末資料

| 星について理解しているとともに，器具や機器などを正しく扱いながら調べ，それらの過程や得られた結果を分かりやすく記録している。 | 星について，観察，実験などを行い，主に既習の内容や生活経験を基に，根拠のある予想や仮説を発想し，表現するなどして問題解決している。 | 星についての事物・現象に進んで関わり，他者と関わりながら問題解決しようとしているとともに，学んだことを学習や生活に生かそうとしている。 |

（改善等通知　別紙4　P.11）

2　内容のまとまりごとの評価規準（例）

A（1）「空気と水の性質」

知識・技能	思考・判断・表現	主体的に学習に取り組む態度
・閉じ込めた空気を圧すと，体積は小さくなるが，圧し返す力は大きくなることを理解している。 ・閉じ込めた空気は圧し縮められるが，水は圧し縮められないことを理解している。 ・観察，実験などに関する技能を身に付けている。	・空気と水の性質について追究する中で，既習の内容や生活経験を基に，空気と水の体積や圧し返す力の変化と圧す力との関係について，根拠のある予想や仮説を発想し，表現している。	・空気と水の性質についての事物・現象に進んで関わり，他者と関わりながら問題解決しようとしているとともに，学んだことを学習や生活に生かそうとしている。

A（2）「金属，水，空気と温度」

知識・技能	思考・判断・表現	主体的に学習に取り組む態度
・金属，水及び空気は，温めたり冷やしたりすると，それらの体積が変わるが，その程度には違いがあることを理解している。 ・金属は熱せられた部分から順に温まるが，水や空気は熱せられた部分が移動して全体が温まることを理解している。 ・水は，温度によって水蒸気や氷に変わること，また，水が氷になると体積が増えることを理解している。 ・観察，実験などに関する技能を身に付けている。	・金属，水及び空気の性質について追究する中で，既習の内容や生活経験を基に，金属，水及び空気の温度を変化させたときの体積や状態の変化，熱の伝わり方について，根拠のある予想や仮説を発想し，表現している。	・空気，水及び金属の性質についての事物・現象に進んで関わり，他者と関わりながら問題解決しようとしているとともに，学んだことを学習や生活に生かそうとしている。

巻末資料

A （3）「電流の働き」

知識・技能	思考・判断・表現	主体的に学習に取り組む態度
・乾電池の数やつなぎ方を変えると，電流の大きさや向きが変わり，豆電球の明るさやモーターの回り方が変わることを理解している。 ・観察，実験などに関する技能を身に付けている。	・電流の働きについて追究する中で，既習の内容や生活経験を基に，電流の大きさや向きと乾電池につないだ物の様子との関係について，根拠のある予想や仮説を発想し，表現している。	・電流の働きについての事物・現象に進んで関わり，他者と関わりながら問題解決しようとしているとともに，学んだことを学習や生活に生かそうとしている。

B （1）「人の体のつくりと運動」

知識・技能	思考・判断・表現	主体的に学習に取り組む態度
・人の体には骨と筋肉があることを理解している。 ・人が体を動かすことができるのは，骨，筋肉の働きによることを理解している。 ・観察，実験などに関する技能を身に付けている。	・人や他の動物について追究する中で，既習の内容や生活経験を基に，人や他の動物の骨や筋肉のつくりと働きについて，根拠のある予想や仮説を発想し，表現している。	・人の体のつくりと運動についての事物・現象に進んで関わり，他者と関わりながら問題解決しようとしているとともに，学んだことを学習や生活に生かそうとしている。

B （2）「季節と生物」

知識・技能	思考・判断・表現	主体的に学習に取り組む態度
・動物の活動は，暖かい季節，寒い季節などによって違いがあることを理解している。 ・植物の成長は，暖かい季節，寒い季節などによって違いがあることを理解している。 ・観察，実験などに関する技能を身に付けている。	・身近な動物や植物について追究する中で，既習の内容や生活経験を基に，季節ごとの動物の活動や植物の成長の変化について，根拠のある予想や仮説を発想し，表現している。	・動物の活動や植物の成長と環境との関わりについての事物・現象に進んで関わり，他者と関わりながら問題解決しようとしているとともに，学んだことを学習や生活に生かそうとしている。

B （3）「雨水の行方と地面の様子」

知識・技能	思考・判断・表現	主体的に学習に取り組む態度
・水は，高い場所から低い場所へと流れて集まることを理解している。 ・水のしみ込み方は，土の粒の大きさによって違いがあること	・雨水の行方と地面の様子について追究する中で，既習の内容や生活経験を基に，雨水の流れ方やしみ込み方と地面の傾きや土の粒の大きさとの関	・雨水の行方と地面の様子についての事物・現象に進んで関わり，他者と関わりながら問題解決しようとしているとともに，学んだことを学習や生

	係について，根拠のある予想や仮説を発想し，表現している。	活に生かそうとしている。
を理解している。 ・観察，実験などに関する技能を身に付けている。		

B （4）「天気の様子」

知識・技能	思考・判断・表現	主体的に学習に取り組む態度
・天気によって1日の気温の変化の仕方に違いがあることを理解している。 ・水は，水面や地面などから蒸発し，水蒸気になって空気中に含まれていくこと，また，空気中の水蒸気は，結露して再び水になって現れることがあることを理解している。 ・観察，実験などに関する技能を身に付けている。	・天気や自然界の水の様子について追究する中で，既習の内容や生活経験を基に，天気の様子や水の状態変化と気温や水の行方との関係について，根拠のある予想や仮説を発想し，表現している。	・気象現象についての事物・現象に進んで関わり，他者と関わりながら問題解決しようとしているとともに，学んだことを学習や生活に生かそうとしている。

B （5）「月と星」

知識・技能	思考・判断・表現	主体的に学習に取り組む態度
・月は日によって形が変わって見え，1日のうちでも時刻によって位置が変わることを理解している。 ・空には，明るさや色の違う星があることを理解している。 ・星の集まりは，1日のうちでも時刻によって，並び方は変わらないが，位置が変わることを理解している。 ・観察，実験などに関する技能を身に付けている。	・月や星の特徴について追究する中で，既習の内容や生活経験を基に，月や星の位置の変化と時間の経過との関係について，根拠のある予想や仮説を発想し，表現している。	・月や星についての事物・現象に進んで関わり，他者と関わりながら問題解決しようとしているとともに，学んだことを学習や生活に生かそうとしている。

巻末資料

Ⅲ　第5学年

1　第5学年の目標と評価の観点及びその趣旨

	（1）	（2）	（3）
目標	物の溶け方，振り子の運動，電流がつくる磁力についての理解を図り，観察，実験などに関する基本的な技能を身に付けるようにする。	物の溶け方，振り子の運動，電流がつくる磁力について追究する中で，主に予想や仮説を基に，解決の方法を発想する力を養う。	物の溶け方，振り子の運動，電流がつくる磁力について追究する中で，主体的に問題解決しようとする態度を養う。
	生命の連続性，流れる水の働き，気象現象の規則性についての理解を図り，観察，実験などに関する基本的な技能を身に付けるようにする。	生命の連続性，流れる水の働き，気象現象の規則性について追究する中で，主に予想や仮説を基に，解決の方法を発想する力を養う。	生命の連続性，流れる水の働き，気象現象の規則性について追究する中で，生命を尊重する態度や主体的に問題解決しようとする態度を養う。

（小学校学習指導要領 P. 101）

	知識・技能	思考・判断・表現	主体的に学習に取り組む態度
観点			
趣旨	物の溶け方，振り子の運動，電流がつくる磁力，生命の連続性，流れる水の働き及び気象現象の規則性について理解しているとともに，観察，実験などの目的に応じて，器具や機器などを選択して，正しく扱いながら調べ，それらの過程や得られた結果を適切に記録している。	物の溶け方，振り子の運動，電流がつくる磁力，生命の連続性，流れる水の働き及び気象現象の規則性について，観察，実験などを行い，主に予想や仮説を基に，解決の方法を発想し，表現するなどして問題解決している。	物の溶け方，振り子の運動，電流がつくる磁力，生命の連続性，流れる水の働き及び気象現象の規則性についての事物・現象に進んで関わり，粘り強く，他者と関わりながら問題解決しようとしているとともに，学んだことを学習や生活に生かそうとしている。

（改善等通知　別紙4　P. 12）

2　内容のまとまりごとの評価規準（例）

A（1）「物の溶け方」

知識・技能	思考・判断・表現	主体的に学習に取り組む態度
・物が水に溶けても，水と物とを合わせた重さは変わらないことを理解している。 ・物が水に溶ける量には，限度があることを理解している。 ・物が水に溶ける量は水の温度や量，溶ける物によって違うこと，また，この性質を利用し	・物の溶け方について追究する中で，物の溶け方の規則性についての予想や仮説を基に，解決の方法を発想し，表現している。	・物の溶け方についての事物・現象に進んで関わり，粘り強く，他者と関わりながら問題解決しようとしているとともに，学んだことを学習や生活に生かそうとしている。

て，溶けている物を取り出すことができることを理解している。 ・観察，実験などに関する技能を身に付けている。		

A （2）「振り子の運動」

知識・技能	思考・判断・表現	主体的に学習に取り組む態度
・振り子が1往復する時間は，おもりの重さなどによっては変わらないが，振り子の長さによって変わることを理解している。 ・観察，実験などに関する技能を身に付けている。	・振り子の運動の規則性について追究する中で，振り子が1往復する時間に関係する条件についての予想や仮説を基に，解決の方法を発想し，表現している。	・振り子の運動についての事物・現象に進んで関わり，粘り強く，他者と関わりながら問題解決しようとしているとともに，学んだことを学習や生活に生かそうとしている。

A （3）「電流がつくる磁力」

知識・技能	思考・判断・表現	主体的に学習に取り組む態度
・電流の流れているコイルは，鉄心を磁化する働きがあり，電流の向きが変わると，電磁石の極も変わることを理解している。 ・電磁石の強さは，電流の大きさや導線の巻数によって変わることを理解している。 ・観察，実験などに関する技能を身に付けている。	・電流がつくる磁力について追究する中で，電流がつくる磁力の強さに関係する条件についての予想や仮説を基に，解決の方法を発想し，表現している。	・電流がつくる磁力についての事物・現象に進んで関わり，粘り強く，他者と関わりながら問題解決しようとしているとともに，学んだことを学習や生活に生かそうとしている。

B （1）「植物の発芽，成長，結実」

知識・技能	思考・判断・表現	主体的に学習に取り組む態度
・植物は，種子の中の養分を基にして発芽することを理解している。 ・植物の発芽には，水，空気及び温度が関係していることを理解している。 ・植物の成長には，日光や肥料などが関係していることを理解	・植物の育ち方について追究する中で，植物の発芽，成長及び結実とそれらに関わる条件についての予想や仮説を基に，解決の方法を発想し，表現している。	・生命の連続性についての事物・現象に進んで関わり，粘り強く，他者と関わりながら問題解決しようとしているとともに，学んだことを学習や生活に生かそうとしている。

している。
・花にはおしべやめしべなどが
　あり，花粉がめしべの先に付く
　とめしべのもとが実になり，実
　の中に種子ができることを理
　解している。
・観察，実験などに関する技能を
　身に付けている。

B （2）「動物の誕生」

知識・技能	思考・判断・表現	主体的に学習に取り組む態度
・魚には雌雄があり，生まれた卵は日がたつにつれて中の様子が変化してかえることを理解している。 ・人は，母体内で成長して生まれることを理解している。 ・観察，実験などに関する技能を身に付けている。	・動物の発生や成長について追究する中で，動物の発生や成長の様子と経過についての予想や仮説を基に，解決の方法を発想し，表現している。	・生命の連続性についての事物・現象に進んで関わり，粘り強く，他者と関わりながら問題解決しようとしているとともに，学んだことを学習や生活に生かそうとしている。

B （3）「流れる水の働きと土地の変化」

知識・技能	思考・判断・表現	主体的に学習に取り組む態度
・流れる水には，土地を侵食したり，石や土などを運搬したり堆積させたりする働きがあることを理解している。 ・川の上流と下流によって，川原の石の大きさや形に違いがあることを理解している。 ・雨の降り方によって，流れる水の速さや量は変わり，増水により土地の様子が大きく変化する場合があることを理解している。 ・観察，実験などに関する技能を身に付けている。	・流れる水の働きについて追究する中で，流れる水の働きと土地の変化との関係についての予想や仮説を基に，解決の方法を発想し，表現している。	・流れる水の働きについての事物・現象に進んで関わり，粘り強く，他者と関わりながら問題解決しようとしているとともに，学んだことを学習や生活に生かそうとしている。

巻末
資料

B (4)「天気の変化」

知識・技能	思考・判断・表現	主体的に学習に取り組む態度
・天気の変化は，雲の量や動きと関係があることを理解している。 ・天気の変化は，映像などの気象情報を用いて予想できることを理解している。 ・観察，実験などに関する技能を身に付けている。	・天気の変化の仕方について追究する中で，天気の変化の仕方と雲の量や動きとの関係についての予想や仮説を基に，解決の方法を発想し，表現している。	・気象現象の規則性についての事物・現象に進んで関わり，粘り強く，他者と関わりながら問題解決しようとしているとともに，学んだことを学習や生活に生かそうとしている。

Ⅳ 第6学年

1 第6学年の目標と評価の観点及びその趣旨

	（1）	（2）	（3）
目標	燃焼の仕組み，水溶液の性質，てこの規則性及び電気の性質や働きについての理解を図り，観察，実験などに関する基本的な技能を身に付けるようにする。	燃焼の仕組み，水溶液の性質，てこの規則性及び電気の性質や働きについて追究する中で，主にそれらの仕組みや性質，規則性及び働きについて，より妥当な考えをつくりだす力を養う。	燃焼の仕組み，水溶液の性質，てこの規則性及び電気の性質や働きについて追究する中で，主体的に問題解決しようとする態度を養う。
	生物の体のつくりと働き，生物と環境との関わり，土地のつくりと変化，月の形の見え方と太陽との位置関係についての理解を図り，観察，実験などに関する基本的な技能を身に付けるようにする。	生物の体のつくりと働き，生物と環境との関わり，土地のつくりと変化，月の形の見え方と太陽との位置関係について追究する中で，主にそれらの働きや関わり，変化及び関係について，より妥当な考えをつくりだす力を養う。	生物の体のつくりと働き，生物と環境との関わり，土地のつくりと変化，月の形の見え方と太陽との位置関係について追究する中で，生命を尊重する態度や主体的に問題解決しようとする態度を養う。

（小学校学習指導要領 P.105）

観点	知識・技能	思考・判断・表現	主体的に学習に取り組む態度
趣旨	燃焼の仕組み，水溶液の性質，てこの規則性，電気の性質や働き，生物の体のつくりと働き，生物と環境との関わり，土地のつくりと変化及び月の形の見	燃焼の仕組み，水溶液の性質，てこの規則性，電気の性質や働き，生物の体のつくりと働き，生物と環境との関わり，土地のつくりと変化及び月の形の見	燃焼の仕組み，水溶液の性質，てこの規則性，電気の性質や働き，生物の体のつくりと働き，生物と環境との関わり，土地のつくりと変化及び月の形の見

巻末
資料

| え方と太陽との位置関係について理解しているとともに，観察，実験などの目的に応じて，器具や機器などを選択して，正しく扱いながら調べ，それらの過程や得られた結果を適切に記録している。 | え方と太陽との位置関係について，観察，実験などを行い，主にそれらの仕組みや性質，規則性，働き，関わり，変化及び関係について，より妥当な考えをつくりだし，表現するなどして問題解決している。 | え方と太陽との位置関係についての事物・現象に進んで関わり，粘り強く，他者と関わりながら問題解決しようとしているとともに，学んだことを学習や生活に生かそうとしている。 |

（改善等通知　別紙4　P.12）

2　内容のまとまりごとの評価規準（例）

A（1）「燃焼の仕組み」

知識・技能	思考・判断・表現	主体的に学習に取り組む態度
・植物体が燃えるときには，空気中の酸素が使われて二酸化炭素ができることを理解している。 ・観察，実験などに関する技能を身に付けている。	・燃焼の仕組みについて追究する中で，物が燃えたときの空気の変化について，より妥当な考えをつくりだし，表現している。	・燃焼の仕組みについての事物・現象に進んで関わり，粘り強く，他者と関わりながら問題解決しようとしているとともに，学んだことを学習や生活に生かそうとしている。

A（2）「水溶液の性質」

知識・技能	思考・判断・表現	主体的に学習に取り組む態度
・水溶液には，酸性，アルカリ性及び中性のものがあることを理解している。 ・水溶液には，気体が溶けているものがあることを理解している。 ・水溶液には，金属を変化させるものがあることを理解している。 ・観察，実験などに関する技能を身に付けている。	・水溶液の性質や働きについて追究する中で，溶けているものによる性質や働きの違いについて，より妥当な考えをつくりだし，表現している。	・水溶液の性質についての事物・現象に進んで関わり，粘り強く，他者と関わりながら問題解決しようとしているとともに，学んだことを学習や生活に生かそうとしている。

A（3）「てこの規則性」

知識・技能	思考・判断・表現	主体的に学習に取り組む態度
・力を加える位置や力の大きさを変えると，てこを傾ける働きが変わり，てこがつり合うとき	・てこの規則性について追究する中で，力を加える位置や力の大きさとてこの働きとの関	・てこの規則性についての事物・現象に進んで関わり，粘り強く，他者と関わりながら問題解

巻末
資料

知識・技能	思考・判断・表現	主体的に学習に取り組む態度
にはそれらの間に規則性があることを理解している。 ・身の回りには, てこの規則性を利用した道具があることを理解している。 ・観察, 実験などに関する技能を身に付けている。	係について, より妥当な考えをつくりだし, 表現している。	決しようとしているとともに, 学んだことを学習や生活に生かそうとしている。

A （4）「電気の利用」

知識・技能	思考・判断・表現	主体的に学習に取り組む態度
・電気は, つくりだしたり蓄えたりすることができることを理解している。 ・電気は, 光, 音, 熱, 運動などに変換することができることを理解している。 ・身の回りには, 電気の性質や働きを利用した道具があることを理解している。 ・観察, 実験などに関する技能を身に付けている。	・電気の性質や働きについて追究する中で, 電気の量と働きとの関係, 発電や蓄電, 電気の変換について, より妥当な考えをつくりだし, 表現している。	・電気の性質や働きについての事物・現象に進んで関わり, 粘り強く, 他者と関わりながら問題解決しようとしているとともに, 学んだことを学習や生活に生かそうとしている。

B （1）「人の体のつくりと働き」

知識・技能	思考・判断・表現	主体的に学習に取り組む態度
・体内に酸素が取り入れられ, 体外に二酸化炭素などが出されていることを理解している。 ・食べ物は, 口, 胃, 腸などを通る間に消化, 吸収され, 吸収されなかった物は排出されることを理解している。 ・血液は, 心臓の働きで体内を巡り, 養分, 酸素及び二酸化炭素などを運んでいることを理解している。 ・体内には, 生命活動を維持するための様々な臓器があることを理解している。	・人や他の動物の体のつくりと働きについて追究する中で, 体のつくりと呼吸, 消化, 排出及び循環の働きについて, より妥当な考えをつくりだし, 表現している。	・生物の体のつくりと働きについての事物・現象に進んで関わり, 粘り強く, 他者と関わりながら問題解決しようとしているとともに, 学んだことを学習や生活に生かそうとしている。

知識・技能	思考・判断・表現	主体的に学習に取り組む態度
・観察，実験などに関する技能を身に付けている。		

B （2）「植物の養分と水の通り道」

知識・技能	思考・判断・表現	主体的に学習に取り組む態度
・植物の葉に日光が当たるとでんぷんができることを理解している。 ・根，茎及び葉には，水の通り道があり，根から吸い上げられた水は主に葉から蒸散により排出されることを理解している。 ・観察，実験などに関する技能を身に付けている。	・植物の体のつくりと働きについて追究する中で，体のつくり，体内の水などの行方及び葉で養分をつくる働きについて，より妥当な考えをつくりだし，表現している。	・生物の体のつくりと働きについての事物・現象に進んで関わり，粘り強く，他者と関わりながら問題解決しようとしているとともに，学んだことを学習や生活に生かそうとしている。

B （3）「生物と環境」

知識・技能	思考・判断・表現	主体的に学習に取り組む態度
・生物は，水及び空気を通して周囲の環境と関わって生きていることを理解している。 ・生物の間には，食う食われるという関係があることを理解している。 ・人は，環境と関わり，工夫して生活していることを理解している。 ・観察，実験などに関する技能を身に付けている。	・生物と環境について追究する中で，生物と環境との関わりについて，より妥当な考えをつくりだし，表現している。	・生物と環境との関わりについての事物・現象に進んで関わり，粘り強く，他者と関わりながら問題解決しようとしているとともに，学んだことを学習や生活に生かそうとしている。

B （4）「土地のつくりと変化」

知識・技能	思考・判断・表現	主体的に学習に取り組む態度
・土地は，礫，砂，泥，火山灰などからできており，層をつくって広がっているものがあること，また，層には化石が含まれているものがあることを理解している。 ・地層は，流れる水の働きや火山	・土地のつくりと変化について追究する中で，土地のつくりやでき方について，より妥当な考えをつくりだし，表現している。	・土地のつくりと変化についての事物・現象に進んで関わり，粘り強く，他者と関わりながら問題解決しようとしているとともに，学んだことを学習や生活に生かそうとしている。

巻末資料

知識・技能
の噴火によってできることを理解している。
・土地は，火山の噴火や地震によって変化することを理解している。
・観察，実験などに関する技能を身に付けている。

B（5）「月と太陽」

知識・技能	思考・判断・表現	主体的に学習に取り組む態度
・月の輝いている側に太陽があること，また，月の形の見え方は，太陽と月との位置関係によって変わることを理解している。 ・観察，実験などに関する技能を身に付けている。	・月の形の見え方について追究する中で，月の位置や形と太陽の位置との関係について，より妥当な考えをつくりだし，表現している。	・月の形の見え方と太陽との位置関係についての事物・現象に進んで関わり，粘り強く，他者と関わりながら問題解決しようとしているとともに，学んだことを学習や生活に生かそうとしている。

評価規準，評価方法等の工夫改善に関する調査研究について

平成 31 年 2 月 4 日　国立教育政策研究所長裁定
平成 31 年 4 月 12 日　一　　部　　改　　正

1　趣　旨

　　学習評価については，中央教育審議会初等中等教育分科会教育課程部会において「児童生徒の学習評価の在り方について」（平成 31 年 1 月 21 日）の報告がまとめられ，新しい学習指導要領に対応した，各教科等の評価の観点及び評価の観点に関する考え方が示されたところである。

　　これを踏まえ，各小学校，中学校及び高等学校における児童生徒の学習の効果的，効率的な評価に資するため，教科等ごとに，評価規準，評価方法等の工夫改善に関する調査研究を行う。

2　調査研究事項

（1）評価規準及び当該規準を用いた評価方法に関する参考資料の作成

（2）学校における学習評価に関する取組についての情報収集

（3）上記（1）及び（2）に関連する事項

3　実施方法

　　調査研究に当たっては，教科等ごとに教育委員会関係者，教師及び学識経験者等を協力者として委嘱し，2 の事項について調査研究を行う。

4　庶　務

　　この調査研究にかかる庶務は，教育課程研究センターにおいて処理する。

5　実施期間

　　平成 31 年 4 月 19 日～令和 2 年 3 月 31 日

巻末資料

評価規準，評価方法等の工夫改善に関する調査研究協力者（五十音順）

（職名は平成 31 年 4 月現在）

大塚　啓介	連雀学園三鷹市立第四小学校指導教諭
下吉　美香	神戸市立雲中小学校教諭
田村　正弘	東京都足立区立千寿桜小学校長
辻　　健	筑波大学附属小学校教諭
塚田　昭一	十文字学園女子大学教授
野口　卓也	福島大学附属小学校教諭
山中　謙司	北海道教育大学准教授

国立教育政策研究所においては，次の関係官が担当した。

| 鳴川　哲也 | 国立教育政策研究所教育課程研究センター研究開発部教育課程調査官 |

巻末資料

この他，本書編集の全般にわたり，国立教育政策研究所において以下の者が担当した。

笹井　弘之	国立教育政策研究所教育課程研究センター長
清水　正樹	国立教育政策研究所教育課程研究センター研究開発部副部長
髙井　　修	国立教育政策研究所教育課程研究センター研究開発部研究開発課長
高橋　友之	国立教育政策研究所教育課程研究センター研究開発部研究開発課指導係長
奥田　正幸	国立教育政策研究所教育課程研究センター研究開発部研究開発課指導係専門職
森　　孝博	国立教育政策研究所教育課程研究センター研究開発部教育課程調査官

学習指導要領等関係資料について

　学習指導要領等の関係資料は以下のとおりです。いずれも，文部科学省や国立教育政策研究所のウェブサイトから閲覧が可能です。スマートフォンなどで閲覧する際は，以下の二次元コードを読み取って，資料に直接アクセスする事が可能です。本書と合わせて是非ご覧ください。

---

① 学習指導要領、学習指導要領解説　等
② 中央教育審議会答申「幼稚園、小学校、中学校、高等学校及び特別支援学校の学習指導要領等の改善及び必要な方策等について」（平成 28 年 12 月 21 日）
③ 中央教育審議会初等中等教育分科会教育課程部会報告「児童生徒の学習評価の在り方について」（平成 31 年 1 月 21 日）
④ 小学校，中学校，高等学校及び特別支援学校等における児童生徒の学習評価及び指導要録の改善等について（平成 31 年 3 月 29 日 30 文科初第 1845 号初等中等教育局長通知）
　　　　　　※各教科等の評価の観点等及びその趣旨や指導要録（参考様式）は，同通知に掲載。
⑤ 学習評価の在り方ハンドブック（小・中学校編）（令和元年 6 月）
⑥ 学習評価の在り方ハンドブック（高等学校編）（令和元年 6 月）
⑦ 平成 29 年改訂の小・中学校学習指導要領に関する Q&A
⑧ 平成 30 年改訂の高等学校学習指導要領に関する Q&A
⑨ 平成 29・30 年改訂の学習指導要領下における学習評価に関する Q&A

巻末資料

学習評価の
在り方
ハンドブック

小・中学校編

文部科学省　国立教育政策研究所教育課程研究センター

学習指導要領

学習指導要領とは, 国が定めた「教育課程の基準」です。

（学校教育法施行規則第52条, 74条, 84条及び129条等より）

■学習指導要領の構成
〈小学校の例〉

総則は, 以下の項目で整理され,
全ての教科等に共通する事項が記載されています。

- 第1 小学校教育の基本と教育課程の役割
- 第2 教育課程の編成
- 第3 教育課程の実施と学習評価
- 第4 児童の発達の支援
- 第5 学校運営上の留意事項
- 第6 道徳教育に関する配慮事項

学習評価の
実施に当たっての
配慮事項

前文
第1章　総則
第2章　各教科
　　　　第1節　　国語
　　　　第2節　　社会
　　　　第3節　　算数
　　　　第4節　　理科
　　　　第5節　　生活
　　　　第6節　　音楽
　　　　第7節　　図画工作
　　　　第8節　　家庭
　　　　第9節　　体育
　　　　第10節　　外国語
第3章　特別の教科 道徳
第4章　外国語活動
第5章　総合的な学習の時間
第6章　特別活動

各教科等の目標, 内容等が記載されています。
（例）第1節　国語

- 第1 目標
- 第2 各学年の目標及び内容
- 第3 指導計画の作成と内容の取扱い

平成29年改訂学習指導要領の各教科等の目標や内容は,
教育課程全体を通して育成を目指す資質・能力の三つの柱に
基づいて再整理されています。

ア 何を理解しているか, 何ができるか
　（生きて働く「知識・技能」の習得）
イ 理解していること・できることをどう使うか（未知の状況にも
　対応できる「思考力・判断力・表現力等」の育成）
ウ どのように社会・世界と関わり, よりよい人生を送るか
　（学びを人生や社会に生かそうとする「学びに向かう力・
　人間性等」の涵養）

平成29年改訂「小学校学習指導要領」より
※中学校もおおむね同様の構成です。

詳しくは, 文部科学省Webページ「学習指導要領のくわしい内容」をご覧ください。
(http://www.mext.go.jp/a_menu/shotou/new-cs/1383986.htm)

学習指導要領解説

　学習指導要領解説とは, 大綱的な基準である学習指導要領の記述の意味や解釈などの詳細について説明するために, 文部科学省が作成したものです。

■学習指導要領解説の構成
〈小学校 国語編の例〉

●第1章　総説
　　　　1　改訂の経緯及び基本方針
　　　　2　国語科の改訂の趣旨及び要点

●第2章　国語科の目標及び内容
　　第1節　国語科の目標
　　　　1　教科の目標
　　　　2　学年の目標
　　第2節　国語科の内容
　　　　1　内容の構成
　　　　2　〔知識及び技能〕の内容
　　　　3　〔思考力, 判断力, 表現力等〕の内容

●第3章　各学年の内容
　　第1節　第1学年及び第2学年の内容
　　　　1　〔知識及び技能〕
　　　　2　〔思考力, 判断力, 表現力等〕
　　第2節　第3学年及び第4学年の内容
　　　　1　〔知識及び技能〕
　　　　2　〔思考力, 判断力, 表現力等〕
　　第3節　第5学年及び第6学年の内容
　　　　1　〔知識及び技能〕
　　　　2　〔思考力, 判断力, 表現力等〕

●第4章　指導計画の作成と内容の取扱い
　　　　1　指導計画作成上の配慮事項
　　　　2　内容の取扱いについての配慮事項
　　　　3　教材についての配慮事項

総説
改訂の経緯及び
基本方針

●付録
　付録1：学校教育施行規則(抄)
　付録2：小学校学習指導要領　第1章　総則
　付録3：小学校学習指導要領　第2章　第1節　国語
　付録4：教科の目標, 各学年の目標及び内容の系統表
　　　　　(小・中学校国語科)
　付録5：中学校学習指導要領　第2章　第1節　国語
　付録6：小学校学習指導要領　第2章　第10節　外国語
　付録7：小学校学習指導要領　第4章　外国語活動
　付録8：小学校学習指導要領　第3章　特別の教科　道徳
　付録9：「道徳の内容」の学年段階・学校段階の一覧表
　付録10：幼稚園教育要領

教科等の目標
及び内容の概要

参考
(系統性等)

学年や
分野ごとの内容

指導計画作成や
内容の取扱いに係る配慮事項

「小学校学習指導要領解説 国語編」より
※中学校もおおむね同様の構成です。「総則編」,「総合的な学習の時間編」及び「特別活動編」は異なった構成となっています。

> ## 教師は, 学習指導要領で定めた資質・能力が,
> ## 児童生徒に確実に育成されているかを評価します

学習評価の基本的な考え方

　学習評価は,学校における教育活動に関し,児童生徒の学習状況を評価するものです。「児童生徒にどういった力が身に付いたか」という学習の成果を的確に捉え,**教師が指導の改善を図る**とともに,**児童生徒自身が自らの学習を振り返って次の学習に向かうことができるようにする**ためにも,学習評価の在り方は重要であり,教育課程や学習・指導方法の改善と一貫性のある取組を進めることが求められます。

▍カリキュラム・マネジメントの一環としての指導と評価

　各学校は,日々の授業の下で児童生徒の学習状況を評価し,その結果を児童生徒の学習や教師による指導の改善や学校全体としての教育課程の改善,校務分掌を含めた組織運営等の改善に生かす中で,学校全体として組織的かつ計画的に教育活動の質の向上を図っています。

　このように,「学習指導」と「学習評価」は学校の教育活動の根幹であり,教育課程に基づいて組織的かつ計画的に教育活動の質の向上を図る「カリキュラム・マネジメント」の中核的な役割を担っています。

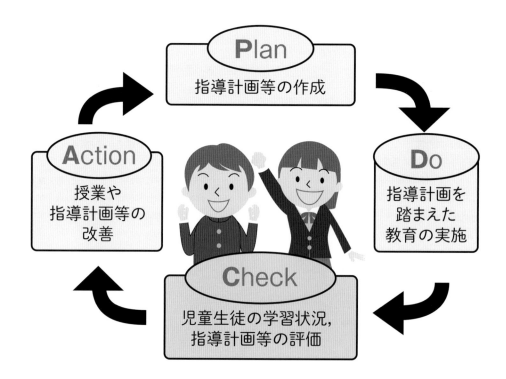

▍主体的・対話的で深い学びの視点からの授業改善と評価

　指導と評価の一体化を図るためには,児童生徒一人一人の学習の成立を促すための評価という視点を一層重視することによって,教師が自らの指導のねらいに応じて授業の中での児童生徒の学びを振り返り,学習や指導の改善に生かしていくというサイクルが大切です。平成29年改訂学習指導要領で重視している「主体的・対話的で深い学び」の視点からの授業改善を通して,各教科等における資質・能力を確実に育成する上で,学習評価は重要な役割を担っています。

次の授業では
〇〇を重点的に
指導しよう。

☑ 教師の指導改善に
つながるものにしていくこと

☑ 児童生徒の学習改善に
つながるものにしていくこと

☑ これまで慣行として行われてきたことでも，
必要性・妥当性が認められないものは
見直していくこと

〇〇のところは
もっと〜した方が
よいですね。

詳しくは，平成31年3月29日文部科学省初等中等教育局長通知「小学校,中学校,高等学校及び特別支援学校等における児童生徒の学習評価及び指導要録の改善等について（通知）」をご覧ください。
(http://www.mext.go.jp/b_menu/hakusho/nc/1415169.htm)

コラム　　　　　　評価に戸惑う児童生徒の声

「先生によって観点の重みが違うんです。授業態度をとても重視する先生もいるし，テストだけで判断するという先生もいます。そうすると，どう努力していけばよいのか本当に分かりにくいんです。」（中央教育審議会初等中等教育分科会教育課程部会 児童生徒の学習評価に関するワーキンググループ第7回における高等学校3年生の意見より）

あくまでこれは一部の意見ですが，学習評価に対する児童生徒のこうした意見には，適切な評価を求める切実な思いが込められています。そのような児童生徒の声に応えるためにも，教師は，児童生徒への学習状況のフィードバックや，授業改善に生かすという評価の機能を一層充実させる必要があります。教師と児童生徒が共に納得する学習評価を行うためには，評価規準を適切に設定し，評価の規準や方法について，教師と児童生徒及び保護者で共通理解を図るガイダンス的な機能と，児童生徒の自己評価と教師の評価を結び付けていくカウンセリング的な機能を充実させていくことが重要です。

Column

学習評価の基本構造

平成29年改訂で, 学習指導要領の目標及び内容が資質・能力の三つの柱で再整理されたことを踏まえ, 各教科における観点別学習状況の評価の観点については, 「知識・技能」, 「思考・判断・表現」, 「主体的に学習に取り組む態度」の3観点に整理されています。

「学びに向かう力, 人間性等」には
①「主体的に学習に取り組む態度」として観点別評価（学習状況を分析的に捉える）を通じて見取ることができる部分と,
②観点別評価や評定にはなじまず, こうした評価では示しきれないことから個人内評価を通じて見取る部分があります。

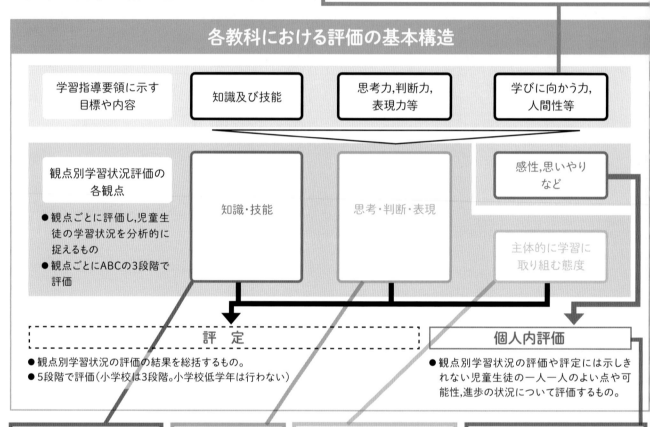

各教科における評価の基本構造

学習指導要領に示す目標や内容

知識及び技能 / 思考力,判断力,表現力等 / 学びに向かう力,人間性等

観点別学習状況評価の各観点
- 観点ごとに評価し,児童生徒の学習状況を分析的に捉えるもの
- 観点ごとにABCの3段階で評価

知識・技能 / 思考・判断・表現 / 感性,思いやりなど / 主体的に学習に取り組む態度

評定
- 観点別学習状況の評価の結果を総括するもの。
- 5段階で評価(小学校は3段階。小学校低学年は行わない)

個人内評価
- 観点別学習状況の評価や評定には示しきれない児童生徒の一人一人のよい点や可能性,進歩の状況について評価するもの。

各教科等における学習の過程を通した知識及び技能の習得状況について評価を行うとともに, それらを既有の知識及び技能と関連付けたり活用したりする中で, 他の学習や生活の場面でも活用できる程度に概念等を理解したり, 技能を習得したりしているかを評価します。

各教科等の知識及び技能を活用して課題を解決する等のために必要な思考力, 判断力, 表現力等を身に付けているかどうかを評価します。

知識及び技能を獲得したり, 思考力, 判断力, 表現力等を身に付けたりするために, 自らの学習状況を把握し, 学習の進め方について試行錯誤するなど自らの学習を調整しながら, 学ぼうとしているかどうかという意思的な側面を評価します。

個人内評価の対象となるものについては, 児童生徒が学習したことの意義や価値を実感できるよう, 日々の教育活動等の中で児童生徒に伝えることが重要です。特に, 「学びに向かう力,人間性等」のうち「感性や思いやり」など児童生徒一人一人のよい点や可能性, 進歩の状況などを積極的に評価し児童生徒に伝えることが重要です。

詳しくは, 平成31年1月21日文部科学省中央教育審議会初等中等教育分科会教育課程部会「児童生徒の学習評価の在り方について（報告）」をご覧ください。
(http://www.mext.go.jp/b_menu/shingi/chukyo/chukyo3/004/gaiyou/1412933.htm)

特別の教科 道徳, 外国語活動, 総合的な学習の時間及び特別活動の評価について

特別の教科 道徳, 外国語活動(小学校のみ), 総合的な学習の時間, 特別活動についても, 学習指導要領で示したそれぞれの目標や特質に応じ, 適切に評価します。なお, 道徳科の評価は, 入学者選抜の合否判定に活用することのないようにする必要があります。

特別の教科 道徳(道徳科)

児童生徒の人格そのものに働きかけ, 道徳性を養うことを目標とする道徳科の評価としては, 観点別評価は妥当ではありません。授業において児童生徒に考えさせることを明確にして, 「道徳的諸価値についての理解を基に, 自己を見つめ, 物事を(広い視野から)多面的・多角的に考え, 自己の(人間としての)生き方についての考えを深める」という学習活動における児童生徒の具体的な取組状況を, 一定のまとまりの中で, 児童生徒が学習の見通しを立てたり学習したことを振り返ったりする活動を適切に設定しつつ, 学習活動全体を通して見取ります。

外国語活動(小学校のみ)

評価の観点については, 学習指導要領に示す「第1目標」を踏まえ, 右の表を参考に設定することとしています。この3つの観点に則して児童の学習状況を見取ります。

知識・技能	思考・判断・表現	主体的に学習に取り組む態度
●外国語を通して, 言語や文化について体験的に理解を深めている。 ●日本語と外国語の音声の違い等に気付いている。 ●外国語の音声や基本的な表現に慣れ親しんでいる。	身近で簡単な事柄について, 外国語で聞いたり話したりして自分の考えや気持ちなどを伝え合っている。	外国語を通して, 言語やその背景にある文化に対する理解を深め, 相手に配慮しながら, 主体的に外国語を用いてコミュニケーションを図ろうとしている。

総合的な学習の時間

評価の観点については, 学習指導要領に示す「第1目標」を踏まえ, 各学校において具体的に定めた目標, 内容に基づいて, 右の表を参考に定めることとしています。この3つの観点に則して児童生徒の学習状況を見取ります。

知識・技能	思考・判断・表現	主体的に学習に取り組む態度
探究的な学習の過程において, 課題の解決に必要な知識や技能を身に付け, 課題に関わる概念を形成し, 探究的な学習のよさを理解している。	実社会や実生活の中から問いを見いだし, 自分で課題を立て, 情報を集め, 整理・分析して, まとめ・表現している。	探究的な学習に主体的・協働的に取り組もうとしているとともに, 互いのよさを生かしながら, 積極的に社会に参画しようとしている。

特別活動

特別活動の特質と学校の創意工夫を生かすということから, 設置者ではなく, 各学校が評価の観点を定めることとしています。その際, 学習指導要領に示す特別活動の目標や学校として重点化した内容を踏まえ, 例えば以下のように, 具体的に観点を示すことが考えられます。

特別活動の記録							
内容	観点 \ 学年	1	2	3	4	5	6
学級活動	よりよい生活を築くための知識・技能	○		○	○	○	
児童会活動	集団や社会の形成者としての思考・判断・表現		○	○		○	
クラブ活動	主体的に生活や人間関係をよりよくしようとする態度				○		
学校行事			○		○	○	

各学校で定めた観点を記入した上で, 内容ごとに, 十分満足できる状況にあると判断される場合に, ○印を記入します。

○印をつけた具体的な活動の状況等については, 「総合所見及び指導上参考となる諸事項」の欄に簡潔に記述することで, 評価の根拠を記録に残すことができます。

小学校児童指導要録(参考様式)様式2の記入例(5年生の例)

なお, 特別活動は学級担任以外の教師が指導する活動が多いことから, 評価体制を確立し, 共通理解を図って, 児童生徒のよさや可能性を多面的・総合的に評価するとともに, 確実に資質・能力が育成されるよう指導の改善に生かすことが求められます。

観点別学習状況の評価について

　観点別学習状況の評価とは，学習指導要領に示す目標に照らして，その実現状況がどのようなものであるかを，観点ごとに評価し，児童生徒の学習状況を分析的に捉えるものです。

▌「知識・技能」の評価の方法

　「知識・技能」の評価の考え方は，従前の評価の観点である「知識・理解」，「技能」においても重視してきたところです。具体的な評価方法としては，例えばペーパーテストにおいて，事実的な知識の習得を問う問題と，知識の概念的な理解を問う問題とのバランスに配慮するなどの工夫改善を図る等が考えられます。また，児童生徒が文章による説明をしたり，各教科等の内容の特質に応じて，観察・実験をしたり，式やグラフで表現したりするなど実際に知識や技能を用いる場面を設けるなど，多様な方法を適切に取り入れていくこと等も考えられます。

▌「思考・判断・表現」の評価の方法

　「思考・判断・表現」の評価の考え方は，従前の評価の観点である「思考・判断・表現」においても重視してきたところです。具体的な評価方法としては，ペーパーテストのみならず，論述やレポートの作成，発表，グループや学級における話合い，作品の制作や表現等の多様な活動を取り入れたり，それらを集めたポートフォリオを活用したりするなど評価方法を工夫することが考えられます。

▌「主体的に学習に取り組む態度」の評価の方法

　具体的な評価方法としては，ノートやレポート等における記述，授業中の発言，教師による行動観察や，児童生徒による自己評価や相互評価等の状況を教師が評価を行う際に考慮する材料の一つとして用いることなどが考えられます。その際，各教科等の特質に応じて，児童生徒の発達の段階や一人一人の個性を十分に考慮しながら，「知識・技能」や「思考・判断・表現」の観点の状況を踏まえた上で，評価を行う必要があります。

「主体的に学習に取り組む態度」の評価のイメージ

○「主体的に学習に取り組む態度」の評価については,①知識及び技能を獲得したり,思考力,判断力,表現力等を身に付けたりすることに向けた粘り強い取組を行おうとする側面と,②①の粘り強い取組を行う中で,自らの学習を調整しようとする側面,という二つの側面から評価することが求められる。

○これら①②の姿は実際の教科等の学びの中では別々ではなく相互に関わり合いながら立ち現れるものと考えられる。例えば,自らの学習を全く調整しようとせず粘り強く取り組み続ける姿や,粘り強さが全くない中で自らの学習を調整する姿は一般的ではない。

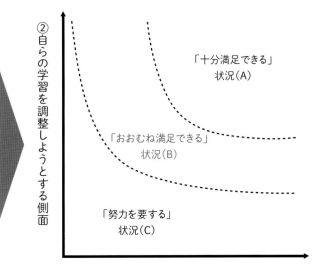

ここでの評価は,その学習の調整が「適切に行われるか」を必ずしも判断するものではなく,学習の調整が知識及び技能の習得などに結びついていない場合には,教師が学習の進め方を適切に指導することが求められます。

「自らの学習を調整しようとする側面」とは…

自らの学習状況を把握し,学習の進め方について試行錯誤するなどの意思的な側面のことです。評価に当たっては,児童生徒が自らの理解の状況を振り返ることができるような発問の工夫をしたり,自らの考えを記述したり話し合ったりする場面,他者との協働を通じて自らの考えを相対化する場面を,単元や題材などの内容のまとまりの中で設けたりするなど,「主体的・対話的で深い学び」の視点からの授業改善を図る中で,適切に評価できるようにしていくことが重要です。

コラム

「主体的に学習に取り組む態度」は,「関心・意欲・態度」と同じ趣旨ですが…

〜こんなことで評価をしていませんでしたか?〜

平成31年1月21日文部科学省中央教育審議会初等中等教育分科会教育課程部会「児童生徒の学習評価の在り方について(報告)」では,学習評価について指摘されている課題として,「関心・意欲・態度」の観点について「学校や教師の状況によっては,挙手の回数や毎時間ノートを取っているかなど,性格や行動面の傾向が一時的に表出された場面を捉える評価であるような誤解が払拭し切れていない」ということが指摘されました。これを受け,従来から重視されてきた各教科等の学習内容に関心をもつことのみならず,よりよく学ぼうとする意欲をもって学習に取り組む態度を評価するという趣旨が改めて強調されました。

Column

学習評価の充実

学習評価の妥当性, 信頼性を高める工夫の例

- 評価規準や評価方法について, 事前に教師同士で検討するなどして明確にすること, 評価に関する実践事例を蓄積し共有していくこと, 評価結果についての検討を通じて評価に係る教師の力量の向上を図ることなど, 学校として組織的かつ計画的に取り組む。
- 学校が児童生徒や保護者に対し, 評価に関する仕組みについて事前に説明したり, 評価結果について丁寧に説明したりするなど, 評価に関する情報をより積極的に提供し児童生徒や保護者の理解を図る。

評価時期の工夫の例

- 日々の授業の中では児童生徒の学習状況を把握して指導に生かすことに重点を置きつつ, 各教科における「知識・技能」及び「思考・判断・表現」の評価の記録については, 原則として単元や題材などのまとまりごとに, それぞれの実現状況が把握できる段階で評価を行う。
- 学習指導要領に定められた各教科等の目標や内容の特質に照らして, 複数の単元や題材などにわたって長期的な視点で評価することを可能とする。

学年や学校間の円滑な接続を図る工夫の例

- 「キャリア・パスポート」を活用し, 児童生徒の学びをつなげることができるようにする。
- 小学校段階においては, 幼児期の教育との接続を意識した「スタートカリキュラム」を一層充実させる。
- 高等学校段階においては, 入学者選抜の方針や選抜方法の組合せ, 調査書の利用方法, 学力検査の内容等について見直しを図ることが考えられる。

評価方法の工夫の例

全国学力・学習状況調査
(問題や授業アイディア例)を参考にした例

　平成19年度より毎年行われている全国学力・学習状況調査では，知識及び技能等を実生活の様々な場面に活用する力や，様々な課題解決のための構想を立て実践し評価・改善する力などに関わる内容の問題が出題されています。

　全国学力・学習状況調査の解説資料や報告書，授業アイディア例を参考にテストを作成したり，授業を工夫したりすることもできます。

　詳しくは，国立教育政策研究所Webページ「全国学力・学習状況調査」をご覧ください。
(http://www.nier.go.jp/kaihatsu/zenkokugakuryoku.html)

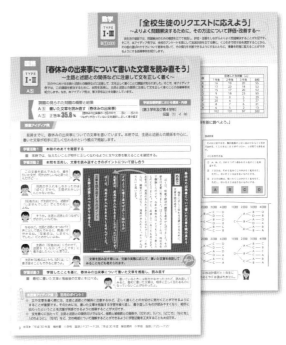

授業アイディア例

評価の方法の共有で働き方改革

　ペーパーテスト等のみにとらわれず，一人一人の学びに着目して評価をすることは，教師の負担が増えることのように感じられるかもしれません。しかし，児童生徒の学習評価は教育活動の根幹であり，「カリキュラム・マネジメント」の中核的な役割を担っています。その際，助けとなるのは，教師間の協働と共有です。

　評価の方法やそのためのツールについての悩みを一人で抱えることなく，学校全体や他校との連携の中で，計画や評価ツールの作成を分担するなど，これまで以上に協働と共有を進めれば，教師一人当たりの量的・時間的・精神的な負担の軽減につながります。風通しのよい評価体制を教師間で作っていくことで，評価方法の工夫改善と働き方改革にもつながります。

「指導と評価の一体化の取組状況」

A:学習評価を通じて，学習評価のあり方を見直すことや個に応じた指導の充実を図るなど，指導と評価の一体化に学校全体で取り組んでいる。

B:指導と評価の一体化の取組は，教師個人に任されている。

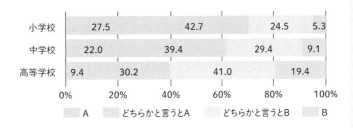

	A	どちらかと言うとA	どちらかと言うとB	B
小学校	27.5	42.7	24.5	5.3
中学校	22.0	39.4	29.4	9.1
高等学校	9.4	30.2	41.0	19.4

（平成29年度文部科学省委託調査「学習指導と学習評価に対する意識調査」より）

Q&A －先生方の質問にお答えします－

Q1 1回の授業で，3つの観点全てを評価しなければならないのですか。

A. 　学習評価については，日々の授業の中で児童生徒の学習状況を適宜把握して指導の改善に生かすことに重点を置くことが重要です。したがって観点別学習状況の評価の記録に用いる評価については，毎回の授業ではなく原則として単元や題材などの内容や時間のまとまりごとに，それぞれの実現状況を把握できる段階で行うなど，その場面を精選することが重要です。

Q2 「十分満足できる」状況（A）はどのように判断したらよいのですか。

A. 　各教科において「十分満足できる」状況（A）と判断するのは，評価規準に照らし，児童生徒が実現している学習の状況が質的な高まりや深まりをもっていると判断される場合です。「十分満足できる」状況（A）と判断できる児童生徒の姿は多様に想定されるので，学年会や教科部会等で情報を共有することが重要です。

Q3 指導要録の文章記述欄が多く，かなりの時間を要している現状を解決できませんか。

A. 　本来，学習評価は日常の指導の場面で，児童生徒本人へフィードバックを行う機会を充実させるとともに，通知表や面談などの機会を通して，保護者との間でも評価に関する情報共有を充実させることが重要です。このため，指導要録における文章記述欄については，例えば，「総合所見及び指導上参考となる諸事項」については，要点を箇条書きとするなど，必要最小限のものとなるようにしました。また，小学校第3学年及び第4学年における外国語活動については，記述欄を簡素化した上で，評価の観点に即して，児童の学習状況に顕著な事項がある場合などにその特徴を記入することとしました。

Q4 評定以外の学習評価についても保護者の理解を得るにはどのようにすればよいのでしょうか。

A. 　保護者説明会等において，学習評価に関する説明を行うことが効果的です。各教科等における成果や課題を明らかにする「観点別学習状況の評価」と，教育課程全体を見渡した学習状況を把握することが可能な「評定」について，それぞれの利点や，上級学校への入学者選抜に係る調査書のねらいや活用状況を明らかにすることは，保護者との共通理解の下で児童生徒への指導を行っていくことにつながります。

Q5 障害のある児童生徒の学習評価について，どのようなことに配慮すべきですか。

A. 　学習評価に関する基本的な考え方は，障害のある児童生徒の学習評価についても変わるものではありません。このため，障害のある児童生徒については，特別支援学校等の助言または援助を活用しつつ，個々の児童生徒の障害の状態等に応じた指導内容や指導方法の工夫を行い，その評価を適切に行うことが必要です。また，指導要録の通級による指導に関して記載すべき事項が個別の指導計画に記載されている場合には，その写しをもって指導要録への記入に替えることも可能としました。

文部科学省
国立教育政策研究所
National Institute for Educational Policy Research
NIER

令和元年6月
文部科学省　国立教育政策研究所教育課程研究センター
〒100-8951 東京都千代田区霞が関3丁目2番2号　TEL 03-6733-6833（代表）

「指導と評価の一体化」のための
学習評価に関する参考資料
【小学校　理科】

令和 2 年 6 月 27 日	初版発行
令和 5 年 9 月 1 日	5 版発行

著作権所有　　　　　国立教育政策研究所
　　　　　　　　　　教育課程研究センター

発　行　者　　　　　東京都千代田区神田錦町 2 丁目 9 番 1 号
　　　　　　　　　　コンフォール安田ビル 2 階
　　　　　　　　　　株式会社　東洋館出版社
　　　　　　　　　　代表者　錦織　圭之介

印　刷　者　　　　　大阪市住之江区中加賀屋 4 丁目 2 番 10 号
　　　　　　　　　　岩岡印刷株式会社

発　行　所　　　　　東京都千代田区神田錦町 2 丁目 9 番 1 号
　　　　　　　　　　コンフォール安田ビル 2 階
　　　　　　　　　　株式会社　東洋館出版社
　　　　　　　　　　電話　03-6778-7278

ISBN978-4-491-04123-0　　　　　定価：本体 1,100 円
　　　　　　　　　　　　　　　　　　（税込 1,210 円）税 10%